文学から読み解く信託

フィデューシャリーの起源の探索

三菱ＵＦＪ信託銀行
信託博物館事務局長
友松　義信〔著〕

一般社団法人 金融財政事情研究会

博士からのご挨拶

はじめまして。私は、信託のことをあれこれ調べていて、知っていることを何でも教えたがる目立ちたがり屋のオタク雲竹博士と申します。信託博物館というところで、信託の研究をしております。

皆さんは、信託という言葉をご存知ですかな。信託というのは、あなたの「大切な財産」を「信頼できる人」に託して、あなたの「大切な人」のために、管理とか、運用をしてもらう仕組みなのです。あまり耳にされたことがないかもしれませんが、一言で申しますと、「信頼に応える仕組み」ということになり、「信じて託すことができる」ということから始まって、いまでは、意外に身近なところで、巨額な財産が信託の仕組みを通じて管理等されております。たとえば、私たちの年金は、信託または信託の仕組みをもとにしてつくられた仕組みを通じて管理・運用されております。また遺言など、財産を子孫に残す、財産の一部を世の中のために使ってほしいという場合にも、信託の仕組みが利用されることが多いのですぞ。特に、アメリカやイギリスなどの英米の人々にとっては、とても身近な仕組みで、至るところで信託が利用されており、文学作品のなかに登場してくることも多いのです。

そこで、この本では、文学作品や作家の生き方などを通して、どのようなところで信託が使われているか、信託のよいところと悪いところはどこにあって、どのように使ったらより豊かで幸せになれるのかを考えてみようと思います。向学心に燃える若手信託銀行員、コウキ信くんの質問に私が答えるかたちで、信託博物館の付属資料室が所蔵する書籍などを紹介しながら進めていきます。「信託と文学にどんなつながりがあるというのか」とか「信託を使うとどんな良いことがあるのか」といったことにご関心をおもちのあなた、ぜひ、ご一緒に文学を通じて信託について学んでみませんか。

本書の登場人物

オタク雲竹博士

信託博物館の付属資料室のインストラクターで本書のストーリーテラー。信託の歴史に詳しく、コウキ信くんがぶつけてくるさまざまな疑問に対し、信託に関する書籍を紹介しながら、やさしく答えてくれます。

コウキ信くん

信託銀行の若手社員。信託の知識がまだ乏しいですが、好奇心が強いので、信託についてもっと多くを知りたいと思っています。博士への質問を通じて自分を成長させたいと思っている前向きな青年です。

目　次

1 ピーターラビットと信託にはどのような関係があるのか

信託博物館では、ピーターラビットのスタンプがあったり、ピーターが登場するイギリス湖水地方ニア・ソーリ村の絵をバックに絵葉書写真がとれるアトラクションがあったりしますが、ピーターラビットと信託との間には、いったいどのような関係があるのでしょう。まずは、絵本『ピーターラビットのおはなし』とのかかわりから探ってみましょう。

コウキ信くん　博士、信託博物館では『ピーターラビットのおはなし』など、ビアトリクス・ポターの絵本の世界で登場する動物キャラクターをたくさん紹介していますが、このお話しは信託と何か関係があるのですか。

博　士　ビアトリクス・ポターの書いた絵本は、全部で20冊以上あるが、そこには信託という言葉は出てこない。信託が関係するのは、作者ビアトリクス・ポターのほうで、ポターは遺言のなかで「信託」を設定すると書いている。心臓が弱く、子どもがいなかったポターは、夫を受託者に指名し、4,300エーカーという広大な湖水地方の土地と農場等の建物を信託している。そして夫が亡くなったら、ナショナル・トラスト（後述）に遺贈するとしたのじゃ。絵本等の著

作権は、結婚する前に亡くなった婚約者ノーマン・ウォーンの従兄弟ステファンに譲られ、その後、出版社のフレデリック・ウォーン社のものとなり、ナショナル・トラストの活動に貢献できる仕組みとなった。

ビアトリクス・ポター

現代のわれわれがイギリス湖水地方、ウィンダミア湖畔のニア・ソーリ村を訪れ、ピーターラビットの世界と美しい自然を楽しむことができるのは、この遺言と信託のおかげなのじゃ。

コウキ信くん　なるほど。作者が信託と関係があったということですね。イギリス人は、遺言を含め、信託をよく利用しているそうですから。そういうことは、ほかでもよくあったのかもしれませんね。信託を使って、ナショナル・トラストという公益的な目的に多額の財産を寄贈して貢献したというところが素晴らしいです。ところでナショナル・トラストも信託なのでしょう。ということは、ポターさんは、信託で信託に財産を譲渡したということですか。信託に大変貢献した人ということは、間違いないと思いますが、何だか、ややこしいですね。最初から、ナショナル・トラストに遺贈するとすれば良かったのではないですか。

博　士　大切な家族がいたからじゃ。遺言で直接、ナショナル・トラストに財産を渡すこともできるが、家族がそこに住んでいたり、生活の糧が必要ということを考えると、家族への配慮が必要な間は、家族に利益を受けてもらい、その必要がなくなったら社会のために使ってほしいというのは、誰もが考える話ではないかのぉ。そこに信託を使うメリットが出てくるのじゃ。配偶者が生きている間は、受益者というかたちで配偶者に利益を享受させる、あるいは幼い子が独り立ちするまでは信託の配当でサポートする。そして、配偶者が亡くなったり、子どもをサポートする必要がなくなったら、その後は別のことに使ってもらうなど、受益者を、一次受益者から二次受益者、さらには三次受益者等へと連続させることができる点が信託を利用するメリットの一つなのじゃ。

なお、ナショナル・トラストは、正確にいうと、特別な法律で国から法人格を認められた団体で、歴史的建物や景勝地の寄贈を受け、国民の財産として保持していくことを目的としている。法律上の形式は法人じゃが、団体を運営する理事に当たる人々はトラスティーと呼ばれ、歴史的建物の保護、自然景観の保全のためという目的のためだけに財産を保有し、運営を行っており、信託の仕組みとほとんど同じかたちで運営されている。創設者は、国民から信託されたものという意味から、「ナショナル・トラスト」とネーミングしたそうじゃから、信託を通じて信託に類似する仕組みに財産を残したというのが正確じゃ。

チャーチルの邸宅チャートウェル

ナショナル・トラストには、実際、ポターさん以外からも多くの人が財産の一部を寄贈している。たとえば、イギリスの元首相チャーチルは邸宅チャートウェルを生前にナショナル・トラストに寄贈、亡くなった後一般に公開して楽しんでもらって欲しいと遺言を残している。また同じく、イギリスの女性作家でミステリーの女王と呼ばれたアガサ・クリスティが愛したグリーンウェイと呼ばれる別荘は、段階を経てナショナル・トラストに譲渡されていき、娘の死後、完全にナショナル・トラストの管理となった。ナショナル・トラストは、いまや、会員が424万人で、活動に携わるボランティアは６万人もいるそうじゃ。これだけ大きな仕組みとなると、その管理・運営にも多くの人手としっかりとした内部体制が必要になるから、信託銀行や信託会社のように、法人組織として役割分担し、それぞれの業務に専念してもらったほうが効率的で安心できるという訳じゃ。

コウキ信くん　なるほど。ナショナル・トラストは全国的規模の公益法人で、それに信託などから財産が集まって、自然保護、歴史的建物保存などが大規模に行われているのですね。作家等の文化人も、財産の一部を、信託を使いながらかかわって貢献している。ポターさんは、その一人ですが、初期の頃大変まとまった規模の寄贈をして、今日の発展に一役買った人というように考えたらよいのですね。

博　士　そうじゃ。日本にも、ナショナル・トラストの全国的組織が二つあって、自然保護を中心に活動を行っている公益社団法人日本ナショナル・トラスト協会[1]と、文化財や歴史的建造物の保全を中心に活動を展開している公益財団法人日本ナショナルトラスト[2]とが、さまざまな個別の保存・保全

トラストトレイン

（出所）　公益財団法人日本ナショナルトラスト
ホームページより

「蒸気機関車と客車を取得し、大井川鉄道で年数回運行している。」

1　http://www.ntrust.or.jp/index.html

2　http://www.national-trust.or.jp/about/

活動を行っている団体をとりまとめて、その活動の輪を広げつつある。いずれも公益法人がさまざまな人々から信託からの寄付を含む、寄付によって活動を展開しているという点では、イギリスのナショナル・トラストと同じじゃ。

コウキ信くん　博士、文学者が信託を使って家族のためや公益のために財産を残したということは、ある程度理解できましたが、文学作品のなかに信託が登場してくるものはないのでしょうか。信託博物館でも、推理小説等いくつか作品を紹介していますよね。

博　士　最も頻繁に信託が出てくるパターンは、信託が小説の舞台設定に一役買っているというかたちで出てくる場合じゃ。まずそのあたりから、勉強してみようかのぉ。

1 POINT

「信託」って何だ？
～初めて信託に接される方に～

信託とは、信頼できる人に財産を譲渡して、管理や運用をしてもらう仕組みです。財産（これを信託財産といいます）を託す人を**委託者**、託される人を**受託者**、管理や運用を行った結果として得られた利益や財産を受け取る人を**受益者**といいます。受益者は、財産を託した委託者がなることもできますが、第三者や不特定多数の者に利益を享受させることもできます。託す相手は、普通は委託者以外の者ですが、一定の要件を満たせば

≪信託の仕組み≫

（基本パターン）信頼関係が三者を結びつける

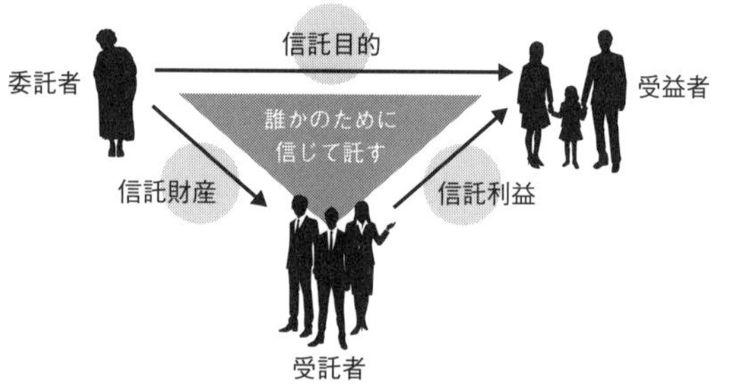

（受益者を連続させるパターン）

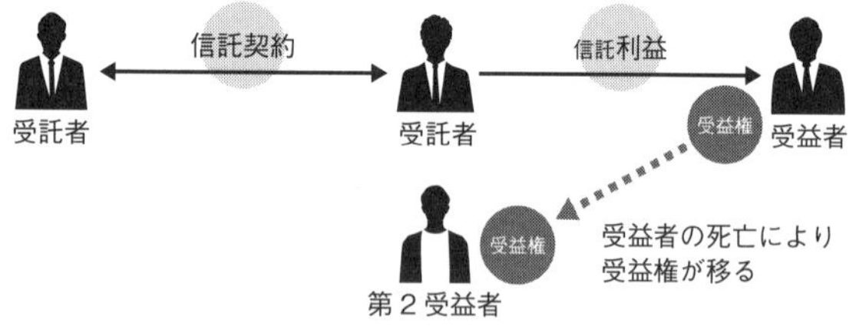

受益者は第一⇒第二⇒第三……と連続させることもできます

委託者が受託者となることもできます。また信託する財産は、土地・建物、金銭、有価証券など財産的価値のあるものであれば何でもよく、信託を設定する行為は契約によってするのが一般的ですが、遺言等でもできます。

信託のメリット

☞受託者に財産を譲渡しますので、委託者が破産等しても差押え等の対象になりません。

☞信託財産は、受託者の個人的財産から分別され、別扱いとなるので受託者が破産・死亡しても相続や破産手続きの対象にはなりません。

☞受託者には厳しい義務が課され、託された内容に反するとペナルティが課されます。

　例えば、以下のような義務を負っています。（受託者の義務は信託法に規定されています）

①善管注意義務　信託行為で定められた内容に従って、善良な管理者が払うべき注意を払って管理しなければなりません。

②忠実義務　受益者の利益に反しないよう忠実に行動することが求められています。

③分別管理義務　信託財産は受託者の固有財産と分けて管理しなければなりません。

④報告義務　信託財産の管理・運用状況を少なくとも年に１回以上報告します。

☞信託を契約等で設定する際、受益者の権利は法律で許される範囲で自由に設定することができ、柔軟な受益権（例；内容の異なる複数の受益権、後続の受益権者など）を作り出すことができます。

❷ 文学作品から学ぶ信託の利用方法

この章では、文学作品のなかでどのように取り上げられているかについて、日本、アメリカ、イギリス（日米英）の３ヵ国で見比べてみたいと思います。

《本章で紹介する作品》

国	作品名	作者
イギリス	ヴェニスの商人	ウィリアム・シェイクスピア
	高慢と偏見	ジェイン・オースティン
アメリカ	トム・ソーヤーの冒険	マーク・トウェイン
	ケインとアベル	ジェフリー・アーチャー
日本	遺志ありて　信託の本懐	永畑俊三

コウキ信くん　博士、信託博物館では、『ヴェニスの商人』などを紹介していますが、ほかにも文学作品のなかで、信託が登場してくるのはありませんか。やはり、舞台設定やストーリー展開に彩りを与えるためという役割として使われているのでしょうか。

博　士　そうじゃなぁ。やはり舞台設定として信託が使われている場面が多いようじゃが、ストーリー展開のうえで、重要な役割を果たしている場合もある。まず信託発祥の地であるイギリスの文学作品からみてみよう。舞台設定として使

われている作品としては、信託という言葉は直接出てこないが、信託の仕組みがストーリー展開に使われている作品としてジェイン・オースティンの『高慢と偏見』[3]があげられる。

コウキ信くん

どのようなかたちで使われているのでしょうか。

博　士　イギリスのロンドン大学で、信託法をはじめとする衡平法を教えているハドソン教授は、「オースティンの小説は信託の多様性によって成り立っている」[4]と述べられているくらいじゃ。そのなかでも、『高慢と偏見』という作品は、18世紀末から19世紀初め頃のイギリスの地方で暮らす女性の結婚事情と恋のすれ違いを描いた作品で、精緻な人物描写と軽妙なストーリー展開で有名じゃな。そこでは主人公エリザベスをはじめとする五人姉妹に、母親がしきりに資産家との結婚こそが女性の幸せと勧めているのじゃが、その前提が夫、すなわち、五姉妹の父親であるベネット氏の財産が生涯権と呼ばれるものであり、ベネット氏が存命のうちは屋敷に住まうことができるが、ベネット氏が亡くなると次の権利者に指名されている従兄弟のコリンズ牧師のものとなってしまうと書かれている。当時のイギリスでは信託の受益

3　原作；Jane Austen, *Pride and Prejudice*、邦訳；中野康司訳『高慢と偏見』（筑摩書房、2003年）

4　Alastair Hudson, *Great Debates in Equity and Trusts*（Red Globe Press, 2014）P.76

権として相続する他に生涯権として管理する権利も認められていたそうじゃから、信託であるかどうかはっきりしないが、日本であれば、信託の受益者ということでなければこのような権利を設定することはできない。親の財産を当てにできない五姉妹が、資産家との結婚という母親の願いどおりに結婚できるかどうか、当時の女性の幸せとはどこにあるかがストーリー展開全体の柱に据えられており、この小説の舞台設定は、まさしく「信託の世界で成り立っている」ということがいえよう。

コウキ信くん　なるほど。当時の女性は、大切にはされていたかもしれませんが、権利としては男女同権ではなく、まだ弱かったということなんですね。

ほかに信託という言葉がちゃんと登場してくる小説はないのですか。

博　士　そうじゃのぉ、ちょっと古いがさっきいっていたシェイクスピアの『ヴェニスの商人』[5]には信託という言葉が出てくるぞ。ただし、いまの英語のトラスト（trust）ではなく、それ以前に信託を表す言葉として用いられてきたユース（use）という言葉じゃが…

コウキ信くん　シェイクスピアは16世紀から17世紀にかけてのエリザベス１世の時代の作家ですね。ユース法（1536年）から100年も経っていないくらいの時期なので、ユースという言葉が使われていてもまあ、不思議はないですね。どのよ

5　原　作；Williiam Shakespeare, *The Merchant of Venice*（1594～97年頃）、邦訳；福田恒存訳『ヴェニスの商人』（新潮社、1967年）

うな使われ方をしているのですか。

博　士　ちょい役のようではあるが、エンディングで大切な役割を果たしているのじゃ。

例の有名な裁判で、金貸しのシャイロックが負け、罰として財産を没収された後の話じゃ。シャイロックにはジェシカという純真で心の美しい娘がおった。裁判で勝ったアントニオが、シャイロックから財産を相続できなくなるジェシカのことを気の毒に思って、没収された財産の半分を信託として、ジェシカに返したいと申し出たのじゃ。邦訳では信託とかユースという言葉は出てこないが、英語では“the other half in use”（残りの半分はユースとして……）という表現が使われており、ハッキリと信託という言葉が使われておる。

善人は最終的に幸せになるという結末にするため、信託を使って、悪者を飛び越して財産を渡すことにしたのじゃな。直ぐに財産を渡すのではなく、将来、然るべき時に渡したいという場合に信託を使うとそれが実現できるという機能があるというわけじゃ。

コウキ信くん　それではアメリカのほうには、どのような作品があるのですか。

博　士　『ヴェニスの商人』のように物語の最後のところでチラリッと出てくる作品としては、マーク・トウェインの『トム・ソーヤーの冒険』[6]がある。ここでは、悪者のインジャン・ジョーが隠した財宝を探しあてたトムとハックが、まだ子ども（未成年）であったことから、信託にして大人が預かり、利益のなかから生活費を受け取ることにさせられてしまったと書かれている。

つまり、未成年者の財産を悪い大人たちから守る手段として、また定期的に生活費を受け取れる手段として信託が良く使われているということが、ここからうかがえる。

逆に信託という縛りがあるがために、一部の行動や内容を当事者本人に十分伝えることができずに、ストーリーを複雑にして展開をスリリングなものにした作品として、ジェフリー・アーチャーの『ケインとアベル』[7]がある。

コウキ信くん 何だかむずかしそうですね。信託の縛りって何でしょうか。

単純に、受益者のために尽くせ、ということだけでよいのではないですか。

博　士 いや。託された受託者のほうには、いろいろと守らないといけないことが出てくるという話じゃ。

この話は、アメリカが舞台なのじゃが、本のタイトルが示すとおり、ケインとアベルの二人が主人公で、二人の対照的な生い立ちと歴史的な時代局面のなかで生じた二人の確執が織りなす人間ドラマとなっている。まずケインは、ボストンの銀行頭取の一人息子として生まれたが、タイタニック号の沈没事故で

6　原作：Mark Twain, *The Adventures of Tom Sawyer*、邦訳：大久保康雄訳『トム・ソーヤーの冒険』（新潮社、1953年）
7　原作：Jeffrey H. Archer, *Kane and Abel*、邦訳：永井淳訳『ケインとアベル』（新潮社、1981年）

幼くして父を亡くしてしまった。ただ父が遺言で家族信託として財産を残してくれていたため、立派な銀行家として成長していくという設定じゃ。一方のアベルはポーランドの森のなかで孤児として産み落とされ、大変な辛酸をなめてアメリカに渡り、さらに苦労を積み重ねながら、ホテル王としてのし上がっていくという設定となっておる。この金持ちのボンボンと苦労人が、どこでどう巡り合ったかというのがポイントになるが、場面は1929年の大恐慌後のことじゃ。ホテル経営が苦境に陥ったアベルが、ケインの銀行に融資の相談に訪れた時、銀行家としてのケインは、立場上、回収できるかどうか懸念があるとして断ったのじゃ。しかし、その裏で、個人としてのケインは、アベルにはホテル経営の才覚があると見抜き、知人を通じて匿名の投資というかたちで信託財産から資金を融通してやったというのが出会いなのじゃ。

アベルは別の人物を匿名の投資家と勘違いし、融資を断ったケインをその後ずっと敵視し、恨み続けたが、それぞれ仕事では成功していく。両者の確執と各々の家族の人間関係がその後の展開をよりスリリングなものとして読者を引き付ける。

コウキ信くん 家族信託が二人を引き合わせたというわけですね。

信託が設定されていたおかげで、ケインは立派に成長できたし、アベルも苦境から脱することができた。めでたし、めでたし、じゃないですか。受託者の何が問題になったのですか。

博 士　成長したケインは、自分も家族信託の受託者の一人になっていたから、アベルにお金を融通することができたのじゃが、父親が設定してくれた家族信託には、銀行のお金とは区別して管理すること、さらに銀行の業務と利益が相反する可能性があるから、信託から投資する資金に関しては、相手にケイン家の存在を知らせてはならないと定められていたのじゃ。

「その人が誰か教えてもらえませんか？」
「残念ながらそれはできません。当事者から、この取引は彼自身の事業と利害が衝突するおそれのある個人的投資だからという理由で、名前を明かすことを厳禁されているのです」
（上）P.489

「その人は責任を持って……負債を清算するのに必要な二百万ドルの全額を出資し、同時にあなたと共同で新しい会社を設立して、その株を自分が六十パーセント、あなたが四十パーセントの比率で……配分する。したがってあなたの四十パーセントは……あなたへの融資として取り扱われます。……借入金の返済がすんだ場合、あなたは会社の残りの六十パーセントを三百万ドルで買収する一回かぎりの選択権を与えられます。」
（上）P.503

コウキ信くん　それで匿名で融通することになったのですね。銀行の勘定と信託の勘定を分けて管理しなければならないということがさりげなく物語のなかで語られているわけで、こういうかたちで信託が当場してくるのはおもしろいですね。

でも、利益が相反するというのは、信託財産の運用より銀行業務のほうを優先した場合に問題となるのでしょう。ここでは潰れそうな会社に信託財産を投資したということがいけないということなのでしょうか。

博　士　いや、受託者としてのケインは、見所のある経営者なので回収できる、信託の投資として十分合理的な投資と判断したのじゃから、この投資自体が問題ということにはならぬと思う。ただし、銀行が儲けるために信託の財産を利用するかもしれないというリスクは常にあるし、逆に、あの銀行家

この作品における信託を巡る関係者の構図

のケイン家が投資してくれたのなら、銀行が信用してくれたのも同じと受け取る人もいるかもしれない。同じ人間が運用に携わるのであれば、むしろそうであればこそ、預金者から預かった銀行の財産と信託として託された財産の運用は、キチンと分けて管理し、それぞれの役目を全うするかたちで運用しなければならない。作者J・アーチャーはそのようことを一言もいっていないが、それが前提となって物語が展開しておるのじゃ。そして、その受託者に対する縛りが二人の関係をすれ違いさせ、確執の人間ドラマが展開されていくことになるのじゃ。どうじゃ。信託が小説のなかで重要な役割を果たしているとは思わんかのぉ。

コウキ信くん　そこまで深く考えなくても、小説なんですから、もっと単純に楽しんでいいと思います。でも、信託によって「財産を受け取った」「もらい損ねた」という単純な関係以外のところでも、信託が小説のなかで使われているということは理解できました。

博　士　ところで、誰かを信じて「思いを託す」ということでいうと、信託には単なる財産管理機能だけではなく、その裏には、何らかの「思いを叶えたい」とか、自分だけではできないことを「誰かにやってもらいたい」ということがあり、そのために使われることがある。これは、託される際、受託者には同時に然るべき裁量が与えられており、受託者はそこで自らの専門性、もてる能力を最大限に活かし、思いの実現に邁進する。この信頼に応えたいという人間の崇高な精神も信託のなかにはビルトインされていることが多い。そういうことを中心テーマにして描かれた作品として、永畑俊三著『遺志ありて　信託の本懐』[8]がある。

コウキ信くん　そうでした！　身近過ぎて忘れるところでした。著者の永畑俊三というのは、信託博物館の永田館長のペンネームですよね。この本では、三人の「たかし」が描かれていて、そのうちの一人・俊が主人公で、俊はアメリカ留学中に親友となったウクライナ移民の子・イリアと出会い、イリアが後に信託銀行家となってウクライナ独立のための「ウクライナ信託基金」を設立したのを受けて、日本でその一部を再信託として預かり、イリアの思い、願いが実現するよう、誠心誠意彼らをサポートする姿が描かれています。第二次世界大戦前の話が中心なので、日本で公益信託第一号が設定[9]される前の話ですが、そのような昔に公益的な信託を日本に登場させようとしたという意味でも、おもしろいですよね。

博　士　おぉ、よく読んでおるのぉ。この本は、一つの小説のなかにさまざまなかたちで信託を取り上げ、描いている。その意味でもおもしろい。その一つがアメリカで苦学していた際に、大学での「信託」の特別講義を共に受講したイリアが受託者となった「ウクライナ信託基金」の話じゃ。

コウキ信くん　金融業を営む家に生まれたイリアは、のちに信託銀行を設立し、ウクライナ独立運動を支援するため、民主

8　永畑俊三著『遺志ありて　信託の本懐』（文芸社、2012年）
9　昭和52（1977）年のことです。

主義の国アメリカからウクライナの生活向上と自立を人道的に支援することを目的とする信託の受託者になったのですよね。その趣旨に賛同した俊が、信託を利用することの意味についてこんな風にいっています。

「だから信託基金を設定した。先ほどの目的が信託目的であって、何ら制度的にこの国で問題となることはない。そしてそのために集まった資金は、信託の受託者が契約に従って誠実に目的に沿うよう管理・運用する。信じて託された受託者の責任で、今支援できるものを最大限行なってゆく。目的も契約上明文ではっきりしており、しかも誠実履行という信託の確立された欧州でも認められた制度で目に見える形で行われている、という訳だ」　(P.99)

そうか、それがイリアの信託業の一角に受託されているのだ、と俊は思った。
あの時に大学でイリアと並んで「信託」の特別講義を受けたことを、俊は思い出した。受託者には、自分のものと同様以上に注意管理し、約束通り忠実・誠実に履行し、かつ自己の固有財産とは分別して管理するといった重い受託者義務が課され、信託財産の独立財産性が担保されている。　(P.100)

そして俊は、この支援活動の一翼を担うため、まだ信託法や信託業法が制定される前の日本で信託設立のため奔走したと書かれています。受託者の義務や独立財産性のほかに、遠い国での活動を資金面で支えるという金融機能、信託ならではの機能がここで効いてきますよね。

博　士　よく勉強しておるのぉ。日本で信託に関する法律が制定される前の話じゃから、厳密にいえば、信託とはいえないかもしれないが、「託された思いに誠実に応え、実現に向けて管理・運用する」という意味では、実質的には信託といってよく、正にフィデューシャリーとして預かり、第二次世界大戦という大変な時局のなかで、それを守っていく姿、志が描かれている作品じゃ。

コウキ信くん　明治のはじめ頃、佐渡の儒学者・円山溟北《めいほく》先生の塾で共に学んだ孝、崇、俊の三人の「たかし」は、仲間のリーダー格で天才の誉れの高かった本間英吉がコレラに罹って亡くなる前、英吉から、

> 「僕のやりたい道の一つが医学だったが、今回の事で決定的になった。病は貴賎を問わず襲い掛かるし、流行り病は時として文明まで滅ぼす力を持つ。溟北先生が常に説かれるように、事の由《よ》って来《きた》るところを事実に依って究明し的確に対応し事を実現することが道だ。これからの医道は、西洋の高度な科学と和の催眠の心で貴賎を問わず等しく病から救い、国の健康な発展を支えて行かねばならない。僕も頑張る。皆夫々《それぞれ》の分野で世の人の役に立つように頑張って行こう」　（P.20）

といわれたことを受け、佐渡から巣立って、それぞれ工学博士、外交官、金融マンとなり、各専門分野で世の中に貢献して

いこうとしています。病で亡くなってしまった英吉ができなかったことをそれぞれのやり方で誠実に実践しようとしたということがあげられるのではないでしょうか。

博　士　そうじゃな。もう一つ、江戸で高名な学者だった円山溟北先生が、故郷の佐渡で前途ある若者を育て、これからの国、社会に貢献する人材になってもらいたいという気持ちで塾を営んでいたことを考えれば、溟北先生の思いも託されていたということになるかもしれんのぉ。

コウキ信くん　そして、金融マンとなった俊は信託を通じて、それを果たしていこうとしたのですね。

そう考えると、俊が日本におけるこの信託の再信託を「佐渡・英坊信託基金」と名付けたのもうなずけます（236頁）。

ところで、この本では、そういったストーリー展開全体のなかで描かれる「信託」の精神とは別に、アメリカや日本の信託の歴史も、随所で語られていますね。これも信託のことをまったく知らない人からみると、どのような流れで信託が登場し、広まっていったかを簡潔に知る手がかりを提供してくれていて、参考になります。

博　士　そのとおりじゃのぉ。たとえば、アメリカの信託については、63頁の後半で、19世紀から20世紀にかけての信託業勃興期の歴史が簡潔に説明されておる。そこでは、

①南北戦争（1861－1865年）前後から経済や金融市場が急速に発展し、資産運用の高度化や投資事業資金ニーズの高まりを背景に営業信託が成長したこと、②そのなかで、大陸横断の

鉄道網が民間資金で建設されていく際にも信託（投資信託や設備信託）が寄与したこと、③信託預金と呼ばれる金銭信託で集まった資金が比較的安定した長期投融資の源泉となったこと、④受託者義務を果たすために信託部門を分離するなどの体制整備も図られ、銀行協会のなかに信託部会が創設されるようになったこと、などが述べられている。

その後の話にはなるが、1930年のアメリカでは、連邦法で免許を受けた2,500行弱の国法銀行のうち、４分の３が信託兼営銀行だったそうじゃ（166頁）。

信託業がいかに広まったか、その一端がうかがえるのぉ。

また日本の信託業勃興期に関しても、関東大震災（1923年）や昭和金融恐慌（1927年）、さらに戦時経済突入という激動の経済・金融環境のなかでじゃったが、①貯蓄運用手段と長期資金の提供を組み合わせた金銭信託を主軸商品として信託財産を大きく伸ばしたこと、②証券市場が未成熟ななか、大衆化と集合運用を狙う投資信託が登場したこと、といったプラスの側面だけではなく、③戦局が緊迫の度を増し、貯蓄増強や金融機関の整理統合が推進されると信託会社の吸収合併が相次ぎ、専業信託会社が激減したこと、④信託法で明記されたが公益信託の実績は１件もなかったこと、といった課題的側面も指摘されておる（223－224頁）。

コウキ信くん　アメリカで独占禁止法のことを反トラスト法とも呼ばれるきっかけとなった産業支配に信託が利用されたのもこの頃ですから、ある意味、19世紀末から20世紀にかけてのアメリカは「信託の時代」だったわけで、その頃がこの物語の舞台になっているわけですね。

舞台設定が大変ドラマチックになっていますが、誰がモデルになっているのでしょうか。

博士　主人公の俊は、佐渡の生まれということになっているが、明治維新の年に生まれ、日露戦争がはじまる前年にアメリカに留学、日本で信託法、信託業法が制定された頃に信託会社の設立にかかわっていることなどから、三井信託創業時の社長・米山梅吉[10]氏が、一つのモデルになっているのじゃろう。

米山梅吉

米山梅吉の生涯については、三戸岡道夫著『米山梅吉の一生』[11]や谷内宏文著『点描 米山梅吉』[12]が詳しい。アメリカでヒットした金銭信託を日本で導入

10　1868年に江戸の和田家に生まれる。5歳の時に父親が他界したため、母親の郷里である静岡県に移住するが上京。東京英和学校（青山学院の前身）に入り、米人講師のもとで英語を学ぶ。米山家の養子となり渡米。8年間の在米中、ウェスレヤン大学やシラキュース大学で法学を学ぶ。1897年、井上馨の紹介で三井銀行に入社し、大阪支店長などを経て1909年常務取締役に就任。1920年に日本初の「東京ロータリークラブ」を設立。1924年に三井信託株式会社を創立して取締役社長に就任。1925年に初代信託協会会長に就任。

11　三戸岡道夫著『米山梅吉の一生』（栄光出版社、2009年）

し、鉄道ファイナンスなどの長期設備資金の供給を積極的に行い、信託会社の業務基盤を整備する道を切り開いた人であることがわかる。

コウキ信くん　そのほかにどんな信託が描かれているのでしょうか。

博　士　一つは、ナショナル・トラスト[13]じゃ。

イギリスでナショナル・トラストが立ち上がる前の年に、日本では福澤諭吉が耶馬溪の競秀峰の一角を買い取り、地元に管理を委託したことが紹介されている（105頁）。もう一つは、信託統治[14]じゃ。戦時色が強まるなかで、国際情勢や植民地政策について会話する場面で、委任統治と信託統治の違いが議論されている。委任統治じゃと、領土化したいと思っている受任国が支配したまま国際連盟から離脱してしまえば法的に無力であるのに対して、信託統治の場合は、受託者としての重い義務を負うとともに、受託国の都合とは切り離されて統治が行われる、仮に受託国が滅んでもそのまま受益国に返還しなければならないから、信託統治のほうがよいと述べられている（157頁）。

12　谷内宏文著『点描 米山梅吉』（新風舎、2005年）

13　自然環境や歴史的建築物の保護を目的としてイギリスにおいて設立された公益的組織。1895年にオクタヴィア・ヒル、ロバート・ハンター、ハードウィック・ローンズリー司祭の三者によって設立された。

14　国連からの信託を受けた国が、国連総会および信託統治理事会の監督のもと、一定の非独立地域を統治する制度。これまで11の地域が信託統治地域とされたが1994年10月のパラオ独立を最後に信託統治領は存在しない。

コウキ信くん　第二次世界大戦後、アフリカやオセアニアの島国などでみられた国連の信託統治につながる議論がすでに展開されていたというわけですね。なるほど。

そうすると博士、この本で永田館長は、①ウクライナ信託基金という信託を設定し、それを守っていくなかで、自分の果たすべき役割やそれをどうやって実践していったかという主人公・俊の話、②恩師や夭折した友から思いを託された三人の「たかし」がどう生きていったかという話、③時代背景のなかにおけるアメリカや日本の信託業勃興期の話、④個別のトピックスとして、その成り立ちや精神が紹介されたナショナル・トラストと信託統治の話、と大きく四つの信託を絡み合わせながら物語を展開されたのですね。

「信託満載の小説！」なんですね。

博　士　そのとおりじゃ。全体のストーリー展開を楽しむとともに、「どこでどんな信託が登場してくるか」を探し出すつもりで読む、というのもおもしろい読み方かもしれないのぉ。

コウキ信くん　日本の小説が出てくると何だか親近感がわいてきますね。

先ほどのお話ですと、推理小説や経済小説のなかにも信託が登場する作品があるそうですから、今度はそちらを教えてください。

どのようなかたちで使われているのか、大変興味があります。

❸ 推理小説から学ぶ〜舞台設定のための利用〜

アメリカやイギリスの推理小説、探偵小説を読むと、信託という言葉を目にすることがあります。たとえば、資産家が亡くなって莫大な財産の信託受益者になったとか、巨万の富を相続したが、その財産はすべて信託になっていて自分は受益者（それでも大変な金額なのでしょうが）でしかないため、元本部分は自由にならない、といったかたちで、信託という言葉が登場してきます。財産争いをする人間関係のきっかけの一つとして使われているわけですが、まずは、そのような舞台設定のために使われる信託からみていきましょう。

《本章で紹介する作品》

国	作品名	作者
アメリカ	災厄の町	エラリー・クイーン
	悪の温室（刑事コロンボ）	ウィリアム・リンク、リチャード・レビンソン
イギリス	パディントン発4時50分	アガサ・クリスティ
	赤毛組合（シャーロックホームズ）	コナン・ドイル
日本	三角館の恐怖	江戸川乱歩
	さよならドビュッシー	中山七里

コウキ信くん　博士、推理小説のなかで、信託という言葉を目にすることがありますが、お金持ちが信託を利用するということでしょうか。お金持ちなら、別に信託を使わなくても、自分が好きなように財産を配分することくらいできそうな気もしますが、どうして信託を利用しようとするのでしょうか。

博　士　コウキ信くんのいうとおり、遺言や生前贈与等でかなりのことができそうではあるが、信託を使うと、財産の遺し方のバリエーションがさらに広がるということがあるからではないかな。また金持ちしかできないわけではなく、誰でも信託を利用することはできるが、推理小説等で富豪が登場してくるのは、巨額な財産ということでないとインパクトが弱く、そんなことで殺人をするのかとなってしまうのを避け、説得力を増すためというのもある。

信託を使えば、財産からいま利益を享受してほしい人と将来利益を享受してほしい人と順番をつけて連続させることができるし、いまはまだ産まれていないので、直接贈与できないが、産まれたら信託から利益を受け取って立派な成人になってほしいといったことなどにも対処できる。推理小説では、通常の相続であれば財産をもらえたはずの人と、相続分以上に財産を得た、または本来は相続権がなかったのに信託を通じて利益を享受することができた人との間の争いから殺人が

起こるなど、ドロドロした人間模様が展開されてストーリー全体に厚みが増すので、そのような舞台設定をつくるところで信託が使われることが結構あるのじゃ。

コウキ信くん 博士、たとえば、どの小説に、どのようなかたちで使われているのですか。

博　士 たとえば、アメリカのミステリー作家エラリー・クイーンの『災厄の町』[15]では、若い娘のおじいさんがかなりの額を信託基金に入れていたところ、おじいさんが亡くなり、それをもらったというくだりがある。これなどは、突然、財産を手に入れたことから事件が始まっていくというトリガーとして使われている。またテレビドラマ化されて日本でも有名になった「刑事コロンボ」シリーズの『悪の温室』[16]という作品では、信託財産として親が遺してくれたのに、自由に使いたいがために、財産を信託から引き出そうと叔父と手を組むという設定がとられ、事件が展開している。このようにアメリカでは、信託の受益者となることで、通常の相続では得られないような大きな財産を手に入れるケースが結構ある、という社会的状況が背景としてある。

このことはイギリスでも同様で、ミステリーの女王といわれたアガサ・クリスティの小説では、『葬儀を終えて』[17]や『ポ

15　原作；Ellery Queen, *Calamity Town*、邦訳；越前敏弥訳『災厄の町』（早川書房、2014年）

16　原作；W. Link & R. Levinson, *The Greenhouse Jungle*、邦訳；野村光由訳『刑事コロンボ 悪の温室』（二見書房、1990年）

ケットにライ麦を』[18]など、多くの作品で信託という言葉が登場してくる。その一つ『パディントン発４時50分』[19]という作品では、次のように書かれている。

「ジョサイア・クラッケンソープの遺言に謎めいたところなどありません。彼は多大な財産を信託にして遺した。そこからの収入は息子ルーサーが生きているあいだに彼に支払われ、ルーサーの死後は元金がルーサーの子どもたち、エドマンド、セドリック、ハロルド、アルフレッド、エマ、イーディスの間で均等に分配される。」　　　　(P.124より)

つまり、物語で登場してくる富豪自身が、先代が築いた財産の現在の受益者にすぎず、自分の死後、その財産が誰にいくかが信託のなかで決められていたと書かれている。これは、息子を第一受益者、孫の世代を第二受益者とすることで、金遣いの荒い息子の将来とその先の子孫のことを考えて信託を設定したからじゃが、その思いを踏みにじって財産の全部を自分のものにしようとする者が出たために殺人事件が起こってしまったということになる。まぁ、そうすることによって、普通の相続争

17　原作；A. Christie, *After The Funeral*、邦訳；加島祥造訳『葬儀を終えて』（早川書房、2003年）

18　原作；A. Christie, *A Pocket Full of Rye*、邦訳；宇野利泰訳『ポケットにライ麦を』（早川書房、2003年）

19　原作；A. Christie, *4.50 from Paddington*、邦訳；松下祥子訳『パディントン発４時50分』（早川書房、2003年）

この小説における信託を巡る関係者図

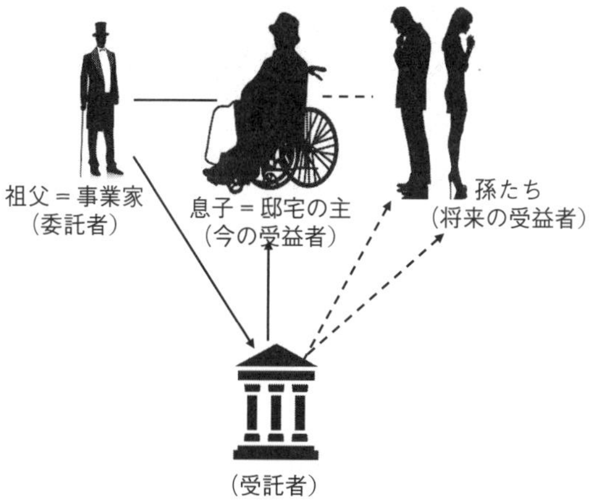

いより、人間関係を複雑にして推理小説のなかでの人間描写や舞台設定に厚みを出そうとしたと考えられる。

コウキ信くん　なるほど。連続受益者（受益者が連続しながら交代していくタイプの信託）がさりげなく使われているというわけですね。

ほかに変わった舞台設定として信託が使われている例はありませんか。

博　士　そうじゃのぉ。コナン・ドイルのシャーロック・ホームズ・シリーズのなかの『赤毛組合』[20]という作品では、相当変わった舞台設定に信託が使われている。

20　原作；A. C. Doyle, *The Red-Headed League*、邦訳；日暮まさみち訳『名探偵ホームズ赤毛組合』（講談社、2010年）

コウキ信くん　どんな舞台設定として使われているのですか。もったいぶらないで教えてくださいよ。

博　士　あるアメリカの百万長者が巨額の財産を信託にして、簡単な仕事をすることを条件に自分と同じ髪の色（赤毛）をした男性を信託受益者にするという設定にしている。これなどは、イギリスからみて、アメリカの金持ちの気まぐれな道楽ということで、いささか突飛な場面設定の違和感を少なくして、小説にリアリティとミステリアスさを醸し出そうとしているように思われる。

要するに、財産をもらえると思っていた人と思いがけなく大金を手にした人との関係など、財産絡みでの人間関係をより興味が引かれるものにしようとする際に、信託が使われている、ということがいえるのではないかのぉ。

コウキ信くん　ありがとうございます、博士。アメリカやイギリスの推理小説で信託が舞台設定のために使われているということは、だいたいわかってきましたが、日本には、そういった小説はないのですか。やはり日本では、信託がまだそれほど一般的になっているとはいえないので、小説等には登場してこないのでしょうか。

博　士　あまり多いとはいえんが、日本にも信託が登場する小説はある。最近では、経済小説のなかで財産がオフショアの信託に入っている、などといったかたちで信託という言葉が登場するものがある。しかし、その話はまた改めてするとして、ちょっと古いが、推理小説のなかにも、たとえば江戸川乱歩の『三角館の恐怖』[21]では、信託が登場してくる。

コウキ信くん　えっ！　怪人二十面相や明智小五郎が活躍する、日本の推理作家の草分けといわれるに江戸川乱歩に、そんな作品があったのですか、意外ですね。

どのような作品だったのか、ぜひ教えてください。

博　士　この本は、戦後まだ間もない頃の翻案小説といって、外国の小説について、内容やあらすじをそのまま使って、地名や人物名、その国の文化、習慣等なじみにくい事柄に関する部分を自分の国に合わせるかたちで翻訳した小説じゃ。この作品では、巨額の財産相続を巡る殺人事件という舞台設定やトリックなどがほぼそのまま取り入れられており、日本の年老いた双子兄弟の財産が信託財産という設定となっておる。

信託という言葉は戦後の日本社会にどれだけ定着していたか、家族信託がどれだけ利用されていたかは、よくわからんが、当時すでに信託法は制定（1922年）されており、日本国憲法にも信託という言葉[22]が使われている。この小説のトリックに必要不可欠ということもあって乱歩は、信託という言葉をそのまま使ったのじゃろう。

先代の遺言でどちらか長生きした者が相続する、それまでは信託財産として管理されるという設定になっておるのじゃ。

21　江戸川乱歩『三角館の恐怖』（雑誌『面白倶楽部』で1951年１月から12月まで連載されました）、単行本は1952年に出版（文芸図書出版社）されています。

22　日本国憲法前文には「国政は、国民の厳粛な信託によるものであって」とあります。

コウキ信くん　ということは、やはりアメリカかイギリスに原作があるのですね。

博　士　原作はロジャー・スカーレット著『エンジェル家の殺人』[23]といって、これ自体の翻訳本も日本で刊行されているが、『三角館の恐怖』はさすがに江戸川乱歩が書いているだけあって、日本で起こった事件のように違和感なく書かれている。たとえば信託に関しては、次のように書かれている。

> ……父は……考えに考えて、結局途方もない遺言を残したのです。
>
> 父の全財産は一応、長男の兄に譲る。しかし兄はそれを保管するだけで、死ぬまでに兄としての正式の遺言状を作っておくこと。その遺言状には、わしたちふたりのどちらかが死ぬまでは、財産を信用のおける会社に託して管理させ、それから生ずる、利子、配当、地代、家賃などの総額を折半にして、わしと康造とに与えるが、財産そのものには手をふれさせない。そして、わしたちふたごのどちらかが死んだ時、はじめて、生き残った方に財産を与える、という遺言状なのです。（P.21より）
>
> ……（中略）……
>
> 兄は明治の末に死んだのですが、死ぬ前に、さっき話した通りの遺言状を正式に作成し、全財産を、父の親友が重役をしていた商事会社に委託したのです。その商事会社が大正時代に信託会社となり、今もそれがつづいています。現在の八千代信託です。　（P.22より）

23　原作；Roger Scarlett, *Murder Among the Angels* (1932)、邦訳；大庭忠男訳『エンジェル家の殺人』(創元推理文庫、1987年)

その結果、『三角館の恐怖』は江戸川乱歩シリーズの立派な１作品となり、その後1978年には、明智小五郎の少年探偵シリーズとして子ども向けにも作り直され、さらに、天知茂主演によるテレビドラマにまでなったのじゃ[24]。

コウキ信くん　上田秋成の『雨月物語』[25]や黒岩涙香の『巌窟王』[26]、尾崎紅葉の『金色夜叉』[27]のように、単なる翻訳、ましてや剽窃などではなく、トリックや大まかなプロットは同じとしても、優れた作家による一つの文学作品として親しく読まれていったのですね。高度成長期の子どもたちも、知らず知らずに信託に触れていたということがわかりました。

ほかに、最近の小説のなかで信託が登場し、重要な役割を果たしている例はないのですか。

江戸川乱歩

24　テレビドラマは「土曜ワイド劇場」の江戸川乱歩の美女シリーズ（1977－1994年）の一つ「炎の中の美女」として放映されました（1984年、主演・天知茂、他に早乙女愛、ジョニー大倉、萩原流行etc.、脚本・江連卓）。

25　上田秋成は江戸時代後期の作家ですが、中国や日本の古典の怪異譚を基に『雨月物語』を書いたといわれています

26　アレクサンドル・ドュマの『モンテ・クリスト伯』が原作です。

27　明治時代の代表的大衆文学ですが、Bertha M. Clayの“Weaker than a Woman”という作品が種本といわれています。

博　士　最近の日本の推理小説にも、ストーリーの展開上重要な役割を果たしている作品はあるぞ。

たとえば、『さよならドビュッシー』[28]という作品がある。

コウキ信くん　作曲家のドビュッシーですか。ロマンティックなタイトルで、おもしろそうですね。

どんなお話なのですか。やはりピアニストが登場してくるのですか。

博　士　ピアニストを目指している資産家の令嬢が主人公で、主人公を指導する先生が探偵役の小説じゃ。舞台設定のために信託が使われておる。

この作品は、音楽学校に進学することが決まっていた主人公が、両親が不在で、祖父と従妹の三人で留守番をしていたときに火事に巻き込まれ、祖父と従妹は亡くなってしまったが、自分だけが奇跡的に生き残ったというところからストーリーが始まる。

コウキ信くん　資産家の令嬢ということなので、亡くなったお爺さんの遺言に「多額の遺産を残す」とか書かれていたのですか。テレビドラマあたりでも、よくありそうな設定ですが、それが信託として財産を受け取ることになっていたとか…。

博　士　そのとおりじゃ。ある意味、よくあるパターンの一つではあるが、遺言信託が登場してくるところが日本の小説としては珍しい。この作品を特徴付ける要素の一つになっ

28　中山七里著『さよならドビュッシー』（宝島社、2010年）、映画は同タイトルで2013年公開（主演；橋本愛）

ておる。

12億円もの財産の半分を孫娘である主人公が相続するという話じゃが、単純な遺贈ではなく、遺言のなかに信託を設定することが書かれており、その受益者の一人を孫娘とし、彼女が「ピアニストになるため」および「ピアニストとして活動していくため」という目的だけのために利益を享受させることとしたのじゃ。

コウキ信くん 主人公の親たちはどうしたのですか。それ以外の相続人たちも黙っていないのではないですか。また本人がピアニストにはなりたくないといったら、財産がもらえなくなってしまうのではないですか。それと遺留分[29]の問題とかは大丈夫だったのでしょうか。小説の本筋とは直接関係ありませんが、細部が妙に気になってしまいます。

博　士 お父さんとお父さんの弟、つまり叔父さんがいるのじゃが、遺産の残り半分を二人で等分に相続する仕組みとしているので、遺留分の問題は生じない設定となっている。しかし、叔父さんの相続分も信託にされている。彼は、資産家の次男坊として甘やかされて育ち、家に閉じ籠ってマンガばかり書いていたため、就職するなり、受託者が正業と認めた事業

29　遺留分（いりゅうぶん）とは、相続人が最低限の遺産を確保するために設けられた制度のことで、兄弟姉妹以外の相続人（配偶者、子等）には相続財産の一定割合を取得できる権利（遺留分権）が認められています。民法1042条以下に定められていて、遺言や遺贈、信託等によってこの権利を奪うことはできません。侵害された場合は、請求権を行使して取り返すことができます。

この作品における信託を巡る関係図

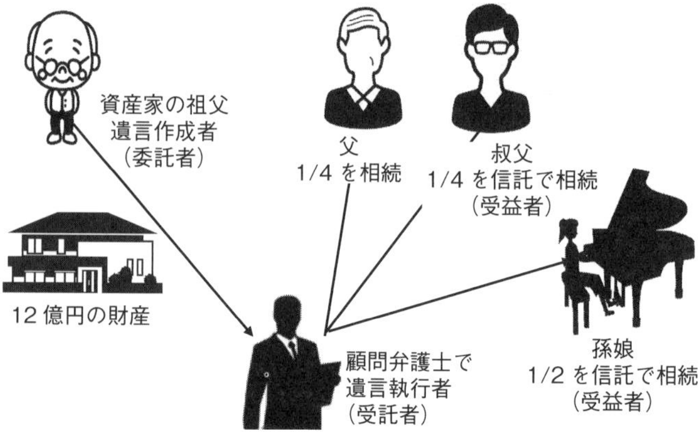

を興さないと、受益者としてお金を受け取ることができないとされてしまった。小説の話じゃから、この点をあまり突っ込みたくはないが、このような信託目的は、「職業選択の自由」を縛ることにつながりかねないので、若干問題があると思う。受益権の内容をピアニストとか、受託者が認めた事業などと決めつけないかたちにしておいたほうがよかったのではないかな。もっとも、そのような内容にしてしまうと、殺人事件が発生しなかった可能性が出てくるので細かいことは気にしないほうがよいかもしれん。「信託を設定する際には、無効とされないよう適切な目的、内容を定めておかなければならない」という教訓にとどめておこう。

コウキ信くん　おじいさんは、孫娘と次男の将来のことを思って信託を設定したのかもしれませんが、考え方によっては、それぞれの未来を縛るようなことになってしまいますからね。

博士　推理小説の設定での話じゃから、そこだけを取り上げても詮無い話じゃろうが、遺言をつくる際の重要な論点がそこに表れておる。税の問題を除くと、遺言だけでも誰かに財産を残すことができるが、信託を組み合わせると将来にわたって受益者というかたちで何らかの拘束をかけ、思いを残すことができる。しかし、そこには受益者がそれを受け入れるだけのものが必要で、言葉を変えると、個人の場合には、委託者と受益者の間にも信頼関係、愛情が必要なのかもしれない。この本はそういった面を教えてくれている。

小説のなかで、弁護士が遺言を残した委託者の思いを次のように説明している。

> 玄太郎氏はお二人の将来について非常に憂慮されておりました。……遥さん。貴女は音楽で身を立てていくことを望んでいらっしゃるようだが、この国はまだクラシックの演奏家に対して欧米ほど環境が良くない。貴女がどれだけ演奏技術を向上させたとしてもしばらくは茨の道が続くでしょう。かといって今、財産を処分してもそのまま残すことには問題がある。なんといっても貴女はまだ十六歳だし、遺産を狙って邪な輩が群がってくることも考えられる。……そうやって悩まれた上での遺言信託なのです。氏はご自身の意思を信託という形に託したのです。……」　(85－86頁)

コウキ信くん　信託を使って遺言だけでは伝え切れないところを補う、したがって、信託は（思いの）託し方をより豊かにすることができる手段と考えたほうがよさそうですね。その橋渡しをすることになるのですから、受託者の役割も重要であると再認識しました。ところで、この信託はどうなるのですか。主人公はピアニストになれたのですか。

博　士　推理小説じゃから、結末は実際に読んでのお楽しみとしておこう。ただ、ピアニストになるために、ピアノコンクールに挑戦するところが描かれているとだけいっておこう。

ところでこの小説は、第8回「このミステリーがすごい！」大賞を受賞した作品で、映画化もされた。映画と小説では若干ストーリーとディテール部分に違いがある。両方楽しむとおもしろいかもしれない。

コウキ信くん　では、タイトルに入っているドビュッシーは、どう関係してくるのですか。

博　士　主人公がピアノコンクールの本選で弾く課題曲がドビュッシーの「月の光」なのじゃ。

ピアニストになるという夢を叶えるための第一歩がドビュッシーを完璧に弾くことだからということになるかのぉ。

4
日本の経済小説から信託の利用方法を学ぶ～租税回避目的～

前章の推理小説に続き、本章では日本の経済小説を取り上げ、どのようなかたちで信託が登場してくるかをみてみたいと思います。経済小説なので、資産隠しの道具のようなかたちで出てきますが、たとえ、道具であったとしても、それをどのように使うかは人間です。信託の使い方の一面を教えてくれているわけですから、学んでみる価値はありそうです。

《本章で紹介する作品》

国	作品名	作者
日本	永遠の旅行者	橘玲
	少数株主	牛島信

コウキ信くん　博士、推理小説のなかで「信託」が登場してくる作品をいくつか紹介してくださいましたが、経済小説のなかにも「信託」を扱ったものがあるそうですね。たとえば、どのような小説があるのですか。

やはり、遺産相続に関係する話か何かで出てくるのでしょうか。

博　士　そうじゃな。最近の経済小説のなかに、相続税を節税するために信託を利用するということを書いているものがいくつかある。そこでは、タックスヘイブンと呼ばれるオフショアに信託を設定し、非居住者がその財産を保有するかたちをつくることによって、租税回避を図ろうとする文脈で信託が登場する場合が多い。橘玲（たちばな あきら）という作家は、『マネーロンダリング』[30]『タックスヘイブン』[31]など、人間の欲望の深さや醜さを抉る経済小説のなかで、さまざまな租税回避策を紹介している。それらを読むと、国家は個人、法人を問わず自国民に対し課税権があるが、外国人には原則として課税権が及ばないこと、税制が国により少しずつ異なることを使ってさまざまな租税回避策が行われていることがわかる。

租税回避を、人間の欲望と知的興味を引き付けるテーマの一つと考え、ストーリー展開のドライバーとして使っており、“オフショアの信託”[32]もその一つというわけじゃ。しかし『永遠の旅行者』[33]という作品では、信託がもう少し積極的な役割を果たすものとして描かれている。孫娘にまったく税金を払わずに150億もの資産を残したいという老人の話なのじゃが、そこでは、過酷な運命に翻弄され、精神を病んでしまった未成年の孫娘まゆが、一人残されても暮らしていけるための方法とし

---

30 橘玲著『マネーロンダリング』（幻冬舎、2002年）

31 橘玲著『タックスヘイブン Tax Haven』（幻冬舎、2014年）

32 経済用語として使われるオフショアは、その国ではなく「海外で」行われることをいい、オフショアの信託とは、その国の治外法権で設立される信託のことをいいます。

33 橘玲著『永遠の旅行者（上）（下）』（幻冬舎、2005年）

て信託が登場してくる。

コウキ信くん　へぇー。租税回避策のなかでもよい手段として信託が登場してくるのですか。過酷な運命というからには、財産を狙った悪者が孫娘にあの手この手で忍び寄ってくる、その追及から逃れるために信託が使われたということでしょうか。

博　士　信託それ自体はニュートラルな存在じゃ。信託をよいことに使うのも、悪いことに使うのも、使う人間次第ということになる。そこで、受託者の果たす役割が重要になってくるわけじゃ。

もともと、中世のイングランドで、国王ヘンリー８世が1536年にユース法を制定して、ユースを禁止した際、あの手この手で脱法とも見える仕組みを使っても復活できたのは、普通の脱法行為であれば裁判所も認めなかったじゃろうが、そこに大切な者のために何とか財産を残してやりたいという人々の真剣な思いがあり、良心の裁判所といわれる大法官府裁判所がその願いを叶えてやろうということから復活したのじゃ。やり方はトリッキーであったかもしれないが、よいことに使うということで認められたということを忘れてはいかん。

したがって、ここでも相続税等の税金をいっさい払わずに財産を承継することは、本来認められないが、登場人物たちがなぜ税金を払いたくないのか、という事情がストーリー展開のポイントの一つとなっており、それゆえにこのような扱い方でも目をつぶってもらえると考えたほうがよかろう。

コウキ信くん　何やらむずかしそうですね。ところで、タイトルの“永遠の旅行者”って何ですか。

大金を手に入れて一生涯、世界旅行しながら、悠々自適で遊んで暮らせる人になるという話ですか。

博　士　いやいや。永遠の旅行者というのは、Perpetual Travelerの訳語で、どこにも定住の地をもたずに、住むところを世界各地転々と変えて暮らしている者という意味じゃ。税の世界では、多くの国で納税義務者となる居住者または非居住者の分類を、年間の滞在期間によって、分類しておる。たとえばアメリカの場合は180日間などと機械的に決められているのじゃ。

つまり、半年以上その国に居住しないようにして、3ヵ国以上を転々と移動すれば、どこの国の居住者にもならず、どこの国にも税金を納めなくてよい立場となることができるということになる。このような者は、永遠に国々をさまよい続けなければならないことから、Perpetual Travelerと呼ばれるのだそうじゃ。この小説は、各国の租税知識を身につけ、永遠の旅行者となった元弁護士が、老人から租税回避を託されるという話じゃ。

コウキ信くん　脱税っぽくて怪しくないですか。ところで信託は、どのようなかたちで登場してくるのですか。

博　士　租税回避策と脱税は紙一重じゃ。この小説では、オフショアの信託を設定することについて、次のように書かれている。

……今回、わざわざ香港に来たのは、田賀のプライベートバンクにまゆの信託口座を作ろうと思ったからだ。

信託は設立者（委託者）、受託者、受益者の三者からなる契約関係で、今回のケースでは、騏一郎が財産を拠出して信託を設立し、その保全と運用を受託者であるプライベートバンクが担う。信託の受益者は孫娘のまゆであり、あらかじめ信託証書に記された指示に記された指示に則って信託財産が譲渡される。これが生前信託と呼ばれる一般的な形式で、必要ならプロテクターと呼ばれる財産管理人を立てることもできる。

オフショアの信託は規制でがんじがらめになった日本の信託銀行よりもはるかに柔軟で、資産の運用方法や受益者への譲渡のしかたなど、設立者の希望で生前にさまざまな条件を定めておくことができる。

まゆは未成年であり、精神的にも不安定である以上、騏一郎の死亡によって莫大な財産をいちどに遺贈されるのはリスクが大きい。信託であれば財産は確実に守られるうえに、成人してから分割で受け取ることも可能だ。……

（上巻P.353－354より）

日本の信託銀行のことがあまり好意的に描かれていないのは残念じゃが、海外では信託の柔軟性がさまざまなところで利用されていることを教えてくれている。なお、プロテクターというのは、資産保全信託等で受託者とは別に一定の権限（受託者の解任権等）を与えられて、委託者に成り代わって信託が設定された内容通り履行されるよう見守る役割を担っている者のことじゃ。

コウキ信くん　小説のなかでオフショア信託のミニ講義が行われているのですね。それで信託は、結局どのようなかたちで利用されることになるのですか。

博　士　信託の利用方法は、この小説の結末と密接につながっているため、これから本を読む人のために、これ以上はお楽しみとしておこう。ただ、信託から離れて、この小説の主人公は、専門家として託された以上、最善を尽くそうとして事件に立ち向かっている。フィデューシャリー・ローという本を著したボストン大学のタマール・フランケル教授は、その人の専門性を信頼して何らかの権限を託された人のことをフィデューシャリーというとしておられる[34]。するとこの主人公は、老人から専門性を発揮することによって孫娘を守るよう託された者となるわけじゃから、正しく、フィデューシャリーといえるのではないかのぉ。それをうかがわせることとして小説のなかで次のようなくだりがみられる。

> 「そして、死を前にしてはじめて、自分がいかに愚かだったか気づいた。死に対して、人間はあまりに無力だ。最後は、誰かにすべてを託すほかない」　　（上巻、P.340）
>
> 「ひとつだけ、頼みがある」……

34　原作：Tamer Frankel, *Fiduciary Law*、邦訳：溜箭將之監訳『フィデューシャリー――「託される人」の法理論』（弘文堂、2014年）.

> 「まゆを守ってくれ」　（下巻、P.266）
> ……（中略）……
> 「悠介さんは人生の最後に、かけがいのない娘をあなたに託そうとした。……」　（下巻、P.290）
> 君はどうだ、と訊かれた。
> 過去になにが起きたかを調べるのは自分の役目ではなく、ただ依頼人のために最善を尽くすだけだ、とこたえた。
> （下巻、P.350）

コウキ信くん　へぇ。この小説はフィデューシャリーを描いた本ということなのでしょうか。

単なる脱税指南の本ではないということになるのでしょうか。

博　士　小説じゃから、誇張された部分は割り引いて考える必要がある。いくら専門性を見込まれて託されたといっても、ここまで危険なことをやってよいというわけではない。しかし、信じて託されたからには、どうすれば最善の結果をもたらすことができるかを考え続け、それを実行に移すことの大切さ、それが感動を呼び、託した人からも感謝されるということを教えてくれていることは確かじゃろう。

コウキ信くん　国際的租税回避策の専門家である主人公が、信託を使ってどういった解決策を呈示したかがぜひ知りたくなってきました。早速読んでみたいと思います。

博　士　このような小説がベストセラーとなって多くの人々に読まれるくらいじゃから、資産家はさまざまな租税回

この作品における信託を巡る関係者の構図

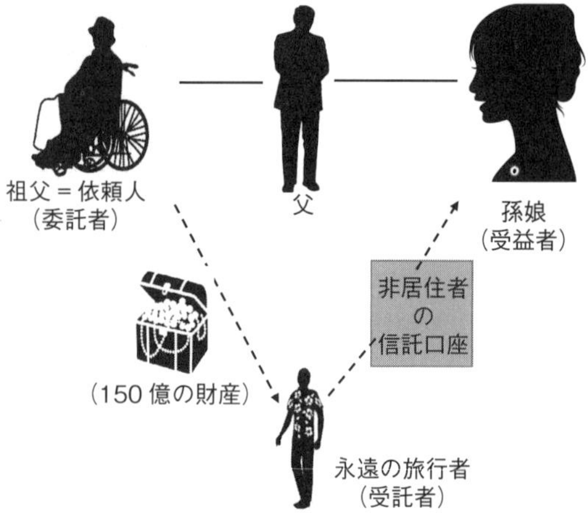

避策を、いろいろなルートをたどり、情報として知っているということは認識しておく必要がある。財産管理の専門家として顧客に金融サービスを提供しようとする者としては、顧客を取り巻く環境、状況をよく理解しておく必要もあるからのぉ。そのことを含めて信託をどう使うべきかを考えるヒントを与えてくれる作品ということがいえるかのぉ。

コウキ信くん　博士、ほかに「信託」という言葉が登場する経済小説はありませんか。タックスヘイブン絡みだったら、ほかにもありそうな気がします。

　マネー・ローンダリング防止の研修で、真の受益者が誰かを確認しなければならないと教わりました。信託を設定して真の権利者が誰かわからなくすることに使われることが問題になるくらいですから、経済小説等にこのような信託が登場してきてもおかしくない気がするのですが…

博士　そうじゃな。最近では、租税回避や資産隠しの手段の一つとして信託が登場する小説が日本でも、そこそこあるのではないかのぉ。これに関連する例として、弁護士の牛島信（うしじま しん）氏が著した『少数株主[35]』という小説を紹介しようかのぉ。どのように取り上げられているのかというと、次のようなかたちで信託が登場してくる。

> 「先生、梶田健介氏、なかなかですよ」
> 「なかなか？」
> 「ええ、信託を駆使して、10億ほどを会社とは別に自分用に取り分けていました」
> 「自分と彼女と、それに２人の間の８歳の娘の未来のために？」
> 「そういうことでしょうね。１回当たり1000万円未満だから社内ルール上取締役会決議は要りません。でも、1000万を100回やれば10億です。信託とは敵も考えましたね」
> ……（中略）……
> 「でも､信託に付されている財産の源はすべて向島運輸です」
> 「ふーん、代表者の背任ってことか、株主がとっくに了承しているってことは？」
> 「あり得ないでしょう。だって……」
> 「そうだったね。で、信託の受益者は？」

35　牛島信著『少数株主』（幻冬舎、2017年）

「受益者は向島運輸です」
「やっぱりね。かつ、信託契約は解約できない、ってことになっていて、その受託者は梶田健介氏が選んだどこかの国の弁護士さんか公認会計士さんになっているってとこかな。受託者が受益者のためにという口実で。実質は梶田氏と中野さんたちの利益にするという仕組みか」　　　(P.210－P.211より)

コウキ信くん　ひどいですねぇ。信託が背任と資産隠しの道具として使われています！　こんなことだから、マネー・ローンダリングに利用されるおそれがある、と警戒されるのです。

博　士　この小説自体は、同族会社の少数株が自由に売り買いされない法律をいいことに、オーナー経営者がやりたい放題をしていることは問題だとして、理不尽な立場に追いやられた少数株主のために立ち上がった資産家・高野とその友人で弁護士の大木の話じゃ。主人公の大木弁護士がバブル期に不動産投資で財を成した親友の高野とスクラムを組んで、オーナー経営者を訴えて少数株主を救おう、あわせて同族会社のコーポレートガバナンスも改善しようというのがメインテーマじゃから、決してひどい小説ではない。

コウキ信くん　でも信託は、あまりよいかたちで登場していないではないですか。

どんな文脈で登場してくるのですか。

博　士　この小説で信託は、ある同族会社創業者の妻で、いまは少数株主となってしまった未亡人を救うために、主人公の高野が友人の大木弁護士と訴訟を進めていくうちに、信託を使って財産の一部を隠しているという事実をつきとめたというかたちで登場してくる。大木と高野が対峙する現経営者・梶田健介が、愛人との間に設けた娘のために、税理士と相談して設定したというのじゃ。しかし、信託の典型例が不正を支援するための手段であると読者から受け取られるとしたら、残念な話じゃのぉ。

コウキ信くん　いくら実の子のためといっても、不倫相手の、しかも海外に資産を不正なかたちで蓄えておくために信託を利用しようとするのはだめですよ。

博　士　それはそのとおりじゃ。

コウキ信くん　でも博士、いまはFATFの勧告[36]やアメリカのFATCA[37]などがあって、信託の受益者は、本人確認を行って、資金使途や利用目的も確認しなければならないことになっ

---

36 Financial Action Task Forceの頭文字をとった略称で、ファトフと呼ばれています。マネー・ローンダリング対策やテロ資金対策などのため国際的な協調、協力を推進するために設置された政府間組織で、FATFの勧告は、各国がそのためにとるべき措置を40にまとめたものです。顧客のデューデリジェンスや疑わしい取引の届出などで、目指すべきレベルが示されていますが、勧告25「透明性と法的仕組みの受益的所有者」は、明示信託に対して、受託者のみならず委託者・受益者も含め、タイムリーで正確な情報収集を求めています。

37 Foreign Account Tax Compliance Actの頭文字をとった略称で、ファトカと呼ばれています。2013年施行のアメリカ合衆国の法律ですが、米国以外の金融機関等に対しても、５万ドル以上の金融資産を有するアメリカ人顧客の名前、口座番号、残高や年間入出金総額などを年１回、アメリカ合衆国内国歳入庁に直接報告するよう義務づけており、オフショア取引による富裕層の税金逃れ防止に大きな影響を与えています。

ています。信託を使ってマネー・ローンダリングをしようとしても、そう簡単にはできないのではないですか。

博　士　よく知っておるのぉ。かつては、受託者に財産を移転することから、匿名性ということが信託のメリットの一つとして謳われていたが、現在はマネー・ローンダリング防止の国際的な高まりによって、それはなくなったといってよい。しかし、財産を安全なところに移転し、受託者に管理運用してもらったり、自分が亡くなった後でも継続的に受益者に財産を支給する、といった機能は依然としてあるから、信託の魅力は決して失われていない。むしろ、デメリットの影響を極力抑えつつ、最大限メリットを活かして、委託者やその先にいる受益者のニーズにいかに的確に応えるか、矜持をもってことにあたることが期待されていると考えるべきじゃろう。

コウキ信くん　それを聞いて少し安心しました。

ところで、この小説は、企業のコーポレートガバナンスを問題にしていると先ほどおっしゃいましたが、それはどういうことですか。非上場の中小企業のコーポレートガバナンスのどこに問題があるというのですか。

博　士　日本の株式会社のうち、99.8％は非上場で、非上場の株式会社では、オーナー経営者やその一族が株式を大量保有する“大株主”であることが多い。大株主以外がいわゆる“少数株主”じゃ。本書に登場するオーナー経営者たちは、会社負担で贅沢をしたり、過度な報酬を家族に与えたりと公私混同を繰り返す。こういった非上場会社の経営は、大株主であるオーナー経営者の思いのままで、コーポレートガバナンス（企業統治）が機能しなくなっているところが問題ということになる。

一方で、経営に関与できない“少数株主”の多くは、わずかな配当を受け取るだけじゃが、相続の時に悲劇を生む場合がある。親族がもつ株は、相続時に、配当の金額や額面からではなく、会社の資産価値等が考慮して評価されるから、評価額が一気に跳ね上がり、とても払えない額の相続税がふりかかってくるおそれがある。この小説は、この矛盾を質すため、少数株主のために立ち上がり、同時に非上場会社のコーポレートガバナンスを改善することによって日本経済を活性化させたいということを訴えているのじゃ。

コウキ信くん　そんな高邁なことが背景、テーマにあるのですか。

博　士　著者は、企業法務に携わる弁護士で、日本の企業統治に関連するさまざまな矛盾、問題をテーマとする経済小説を発表し続けている。『少数株主』という作品は、大日本除虫菊という蚊取り線香のキンチョーなどを製造販売する企業の訴訟がモチーフになっている。

どういう話かというと、大日本除虫菊の株0.49%（465万円相当）を、祖母から相続した男性がいた。男性がもともともっていた4.99%と合わせて、持株割合は5.48%になった。税務署は持株割合が５%を超えると「経営に影響がある」と認定して、株の評価方法を変える。その結果、男性が配当から算出した465万円と思って申告した株が、税務署から１億6000万円と時価評価され、１億円もの相続税を納めさせられるということになったという話じゃ。わずかな株を相続したばかりに、巨額の納税を迫られる。このエピソードから「少数株主」のストーリーは幕を開けている。

コウキ信くん　信託がちょい役にすぎない点は残念ですが、事業承継を支援サポートする信託もあるくらいですから、メインテーマのコーポレートガバナンスに貢献するところで、信託には登場してもらいたいものですね。

❺ 海外小説から受託者の義務を学ぶ

信託は、舞台設定やストーリー展開のためだけに小説のなかに登場、使われているわけではありません。たいていの小説では、人間関係が描かれ、そのなかで悲喜こもごものやり取りが繰り広げられ、その展開を通じて、感動したり、楽しく読むことができるのではないでしょうか。なかには、受託者となった人間の行動が、感動やストーリー展開で重要な役割を果たすことがあります。そこでは、受託者がある一定の義務を負っていて、その義務を誠実に果たさんがために、ストーリーをおもしろくしたり、深みを増す、場合によっては感動につながっていくこともあります。本章では、受託者の義務について、やや詳しく描かれた作品を取り上げ、そこで受託者の義務がどのように描かれているかを、みてみたいと思います。

《本章で紹介する作品》

国	作品名	作者
アメリカ	使いこまれた財産	E・S・ガードナー
	死の信託	エマ・レイサン
オーストラリア	アリスのような町	ネビル・シュート

コウキ信くん 博士、これまでのお話で、小説のなかでどのようなかたちで信託が登場してくるか、ストーリー展開の小道具として使われているかが、大体わかってきました。しかし、信託受託者の義務についてどのようなかたちで描かれているかは、まだよくわかりません。信託の受託者のことをもっと詳し

く描いた小説はないのですか。いくら小説の舞台設定や小道具として使われるといっても、チラッと登場するだけではつまらないです。もう少しストーリー展開に絡むかたちで登場してくる話はないでしょか。

博　士　信託は財産上の利益を特定の人にわたす仕組みじゃから、それによって財産上の利益をもらえる人ともらえない人が生じ、そのために殺人等の事件が起るということで推理小説の舞台設定の一つの材料として使われることが多いということは、これまでも話してきたとおりじゃが、受託者の義務まで描いた小説となるとそう多くはない。

しかし、ストーリー展開にもかかわってくる文脈で受託者の義務が描かれた作品がないこともない。まず、『使いこまれた財産』[38]という作品を紹介しよう。少し昔の小説にはなるが、ペリー・メイスン・シリーズ[39]で有名なE・S・ガードナーの作品の一つじゃ。原題は*The Case of the Troubled Trustees*で、タイトル自体に受託者という言葉が

38　Erle Stanley Gardner *The Case of the Troubled Trustees*（1965年）、日本語版はE・S・ガードナー著／宇野利泰訳『使いこまれた財産』（早川書房、1965年）。

39　米国の作家E・S・ガードナーが創作した法廷弁護士が活躍する推理小説シリーズ（1933－1973年）。これを原作として、ラジオドラマや映画、テレビドラマシリーズが製作され、日本でもNHKなどで紹介された。

入っており、受託者の分別管理義務や報告義務が描かれた作品なのじゃ。

コウキ信くん　でも英語のタイトルをみるとトラブルという言葉が受託者の上についています。まさか、受託者が信託財産を使い込み、それを隠ぺいするために事件を引き起こしたという話ではないでしょうね。

博　士　それでは、タイトルをみただけで犯人がわかってしまうから、推理小説にならんじゃろう。確かにこの事件で受託者となった若者ダットンは、信託基金とは別なところで財産を管理運用していて、金使いの荒い受益者のことを思って会計報告を適正には行わなかった。そのため、裁判では苦境に陥るのじゃが、そのあたりの状況について、次のように書かれている。

> 「年度ごとに、計算報告書が必要だったでしょうが？」
> 「それは作成しませんでした。信託受益者から一度も請求がなかったものですから」（P.11）
> ……
> 「あなたはいろいろと、法規にそむいた行動をとられた。信託財産を自己の財産と混同し、不動産を横領し、依頼人をあざむき、顧客の信頼を裏切ってる」
> 「そのとおりです」ダットンはいった。「しかし、ぼくはそれを、よかれと思ってしたのです」
> ……「そうなると」メイスンはいった。「あなたはその返還ができないというわけですね」

「返還ですって？」ダットンはおどろいてさけんだ。「ぼくは基金にはすこしも手をつけておりません。ただ、不動産をぼくの名義にしたまでのことです」　(P.12より)

……

「……ぼくはあえて、信託財産をぼくの個人の資産と混同させましたが、受益者の名をあかさぬ信託財産として確保しておきました。それもぼくの名は、管財人（注）として登録してあるだけです」　(P.14より)

※注；本書ではTrustee（受託者）のことを管財人と訳されている。

どうじゃ、信託受託の専門家である信託銀行であれば、当たり前の話じゃろうが、ここでは個人の受託者も計算報告をしないと義務違反となり、自分の財産とは区別して管理しなければ

この作品における信託のスキーム図

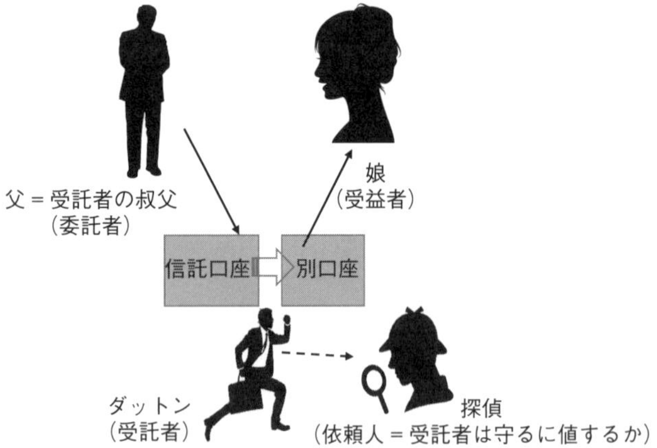

義務違反になってしまうということが描かれている。

コウキ信くん　小説のなかで信託法のミニ講義が行われているのですね。知りませんでした。

博　士　推理小説じゃから、読者のために、ここで誰が犯人かは、あえていわぬことにするが、信託法の観点からいえば、このような受託者の行動は原則からは逸脱している。決して褒められたことではないが、ドラマ展開のうえでは、委託者が受託者に託した「世間知らずの若い娘の受益者が、もっと大人になって正しい判断ができるようになるまで財産と受益者を守ってほしい」という願いに応えるため、信託基金にはそんなに財産があるわけではないと自重させようと、あえてやったことだという話なのじゃ。そのような経緯であったから、弁護士ペリー・メイスンも受託者ダットンの弁護を引き受ける気になったのじゃろう。さらに裁判では以下のようなやりとりがある。

「現在の信託財産を金に換算すると、どの程度の価値になります？　証券の市場価値と手もとにある現金の高は？」
「約二十五万ドルです」
……
どうしてそのような数字になるのです？」アルヴァラード判事が訊いた。「十万ドルの信託基金を受けとって、すでに九万六千ドルは支払い済みではありませんか」
「そのとおりです、裁判長。しかし、財産を信託する条件のうちには、ぼくがそれを投資する権限が含まれていました。財産を良好な状態に維持するために、証券類を売買する権限が与えられていたのです」　　　　　　　　　　　（P.161－P.162）

コウキ信くん　この受託者は、随分と運用が上手だったのですね。

博　士　受託者の若者は投資コンサルタントという設定じゃ。この信託財産は他の顧客の口座からも、ちゃんと区別して管理したと書かれている。本書では、このような状況下においては、受託者の固有財産と一緒になっておらず、個人的利益を図っていないから義務違反とはならない、ということがストーリー展開の一つの軸に入っているのじゃ。

コウキ信くん　むしろトラブルに巻き込まれた受託者だったということなのですね。

委託者の願いを誠実に受け止め、真に受益者のためを思って行動する、こういう受託者に託したいものですよね。

博　士　受託者のあるべき姿が押し付けがましくなく、小説のなかでさりげなく示されているとみるとおもしろいのではないかのぉ。

コウキ信くん　博士、ほかに信託の受託者が取り上げられた小説はないのですか。たとえば、信託銀行のような法人受託者が取り上げられた小説はありませんか。アメリカやイギリスの小説には、個人が受託者となったものが大半で、法人が受託者となった場合は、せいぜい信託会社の信託基金になっているということが書かれているにすぎません。たとえば、フィッジェラルドの『華麗なるギャツビー』で語り手が信託銀行に勤めていたことがあるという記述を目にしましたが[40]、信託銀行等がどのようなかたちで信託財産を管理しているかが描かれた作品は、まだみたことがないのですが…

博　士　確かに信託銀行が主人公になった小説は少ないが、1960年代、70年代に活躍したエマ・レイサンの推理小説は、信託銀行の信託部長が探偵役を務めているのじゃぞ。

何せ、デビュー作のタイトルは『死の信託』[41]というくらいじゃからのぉ。

コウキ信くん　信託そのものがタイトルになっているのですか。おもしろそうですね。そのエマ・レイサンという人は、どういう人で、どのような作品を書いたのですか。

博　士　エマ・レイサン（Emma Lathen）というのは[42]、メアリー・J・レイティスとマーサ・ヘンサートという二人の女性が合作する際に用いたペンネームなのじゃ。ハーバード大学時代から知り合いだったミステリー好きの二人がボストンで

40　原作；F. Scott Fitzgerald, *The Great Gatsby*（1925年）、邦訳本は複数あり、たとえば村上春樹訳『グレート・ギャツビー』（中央公論新社）など。

41　原作；Emma Lathen, *Banking on Death*（1961年）、邦訳；中島なすか訳『死の信託』（論創社、2005年）

42　Mary Jane LatsisとMartha Hennissart、二人の姓名の最初のシラブル（LatとHen）を重ねてつくったもの。洗練されたユーモアとウィットに富んだ筆致と巧みな人物描写、本格ミステリには欠かせない遊び心を生かした作風で、“ウォール街のクリスティ”と称されたこともあるといいます。

再会し、二人ともお気に入りの作品は大体読み尽くしていたことから、今度は自分たちでミステリーを書いてみようと意気投合したことが合作のきっかけだったそうじゃ。

当初、レイティスは農業経済の専門家として、またヘンサートは財務・金融の専門弁護士として、仕事を続けるかたわら推理小説をつくっていた。1960年代のアメリカは、スパイ物が全盛期じゃったが、実際に起こった政治・経済的事件を題材に二人の豊富な専門知識、経済知識を活かし、ウォール街の大銀行スローン・ギャランティ信託銀行の副頭取ジョン・パトナム・サッチャーを主人公とする経済ミステリーを数多く発表したのじゃ[43]。

コウキ信くん　受託していた信託に関連して事件が起こり、それを信託銀行員が解決していくのですか。格好いいですね。

博　士　そうじゃ。主人公のサッチャーは信託部長という設定じゃ。

当時の大手信託銀行の様子が次のように描かれておる。

> スローン・ギャランティ信託銀行は証券取引所界隈のかなりの面積を占めており、しかもウォール街の中心部にある。スローンは世界第三の大銀行で、……スローンの任務とは、投資、証券の売買、融資である。
>
> 月二回、信託部投資委員会は前記のような、重要な事業につ

43　サッチャー・シリーズは『死の会計』『小麦で殺人』『ギリシアで殺人』など全24作品。他にR.B.ドミニク名義で7作の長編があります。

いて話し合うために会議を開く。信託関係の重役と調査部のメンバーが四十階のガラス張りの会議室に集い、運がよければ短時間の自画自賛会議をすませ、またあるときは……長い時間をかける。（P.2より）

エレベーターは六階にそうっと停まった。……文書部では、引き出しがきびきびと開け閉めされ、行員たちは一心不乱に紙切れを見つめ、メッセンジャーボーイは目的意識を発散させながら通路を歩んでいる。信託のスタッフと事務職を隔てる二重ドアの反対側に行くと、騒音はとたんに低くなる。……分離は、スローンが改築されたときに建築家がくわだてた「機能的創造性」のたまものである。……建築家は、この設計により信託部の幹部たちは、銀行マンにとって望ましい静かな環境で落ち着いて仕事ができるようになるだろうと説明した。……

（P.3より）

コウキ信くん　大手信託銀行が舞台になっているので、信託業務と銀行業務の峻別が描写の一部として出てくるのですね。

博　士　そうなんじゃ。要するに、主人公サッチャーが部長を務める信託部はそれ以外の銀行部門とは分離・独立して、託された信託財産を有価証券や融資にと組織的に投資している姿が描かれているのじゃ。

さらに、問題になった信託の概要については、スローン信託銀行信託部の部外秘の社内メモとして紹介されておる。1933

信託部門が銀行部門から独立して運営されているというイメージ図

年の設定時に約１万ドルの価値であったものが、その後の運用で30万ドル以上になったというのじゃ。（P15－P.19）

コウキ信くん　1929年の大恐慌で暴落した株がその後の景気回復、高度経済成長で値上がりしただけかもしれませんけどね。信託銀行が受託者となる場合の責任について、何か参考になりそうなことは書かれていますか。

博　士　個人の信託を受託した場合の受託者の責任として、こんなことが書かれている。

> ……（部下から受益者の誰かが事件に絡んでいるのではないかと言われたのを受けて）……
> 「わたしは誰も疑ってはいない。それは警察の仕事だ。わたしが知っているのは、スローンの信託の相続人の一人が殺され

たとき、我が銀行が責任を負う子どもが二人残され、こちらはしっかりと目を見開いていなければならないということだ」……

（P.70より）

……（中略）……

そして、スローン・ギャランティ信託銀行の優秀な信託オフィサーとして成功するためには、殺人事件の調査が必要ならば、ニューヨーク公立図書館を襲撃（※注）する責任だって生じるわけだ、とニコルズはつくづく思った。もちろん職務内容説明書にそんなことは書いてないけれど、いざとなったら……。

（P.71－p.72より）

※注；ここでは、情報を収集するために図書館に駆けつけると言う意味でこのように表現されています

博士　小説じゃから、やや極端な話となっているが、受益者のことを第一に考えなければならないという一局面の話として描かれているとみることができるかもしれんのぉ。

なお、銀行部門と信託部門の分離に関しては、同シリーズの『引き裂かれた役員室』[44]という作品は航空会社のM&Aを巡る殺人事件が描かれるのじゃが、そこではスローン信託銀行が大株主としてキャスティングボードを握ることになった際、その株が信託勘定で保有する株か、銀行勘定の株かで情報が入ってくる部署も判断する部署も違ってくるということが書かれてい

44　原作；Emma Lathen, *Something in the Air*（1988年）、邦訳；笹野洋子訳『引き裂かれた役員室』（講談社、1990年）

る。すなわち、銀行勘定であれば企業融資部（3階にオフィスがある）に判断を任せておいていいが、信託勘定の財産であれば信託投資部（6階にオフィスがある）の責任となると書かれているのじゃ。さらに信託財産といっても、この小説の信託では、受益者が成人するまで株を保有し続けることが義務づけられている。受託者は株の価値が紙くずになってしまわぬよう、その会社が長期的に発展していくように株主権の行使をしなければならないと書かれていて、受益者の長期的利益を図るために忠実に行動することが求められていることがわかる。

主人公のサッチャー信託部長は、そのような立場から事件を解決していくのじゃ。

コウキ信くん　つまり、信託銀行が正義のヒーロー、信託財産の守護神になっているのですね。日本でも同様のストーリーがあるといいですね。

博士　推理小説の世界ではなく、現実の世界でそれを目指そう、果たそうというのがフィデューシャリー・デューティーなのではないのかのぉ。

コウキ信くん　そんなお説教、いや、失礼、高邁なお話は今度で結構です。

もうほかに、受託者について書かれた小説はありませんか。アメリカ以外で、よい作品があればうれしいのですが…

博士　あるぞよ。作者の生まれはイギリスじゃが、オーストラリアに移り住み、オーストラリアを舞台とした小説がある。『渚にて　人類最後の日』を著したネビル・シュートという作家の『アリスのような町』（著／小積光男訳）[45]を紹介しようかのぉ。

この作品は、受託者と受益者のかかわり方、むずかしくいうと、受託者の誠実義務とはどうあるべきかを教えてくれる、とてもよい本だと思う。

コウキ信くん　へぇー。どのような内容の本なのですか。

タイトルからして『不思議の国アリス』と、何か関係があるのでしょうか。ちょっと興味をそそられますね。ワンダーランドのような町が舞台になっているとか…

博　士　オーストラリアのほぼ真ん中にあるアリス・スプリングスという町が関係するからじゃが、舞台はマレイ半島とイギリス、それにオーストラリアのアリス・スプリングス近郊の牧場で、時代は1940年代、主人公はジーン・バジェットというイギリス人女性の話じゃ。

主人公ジーンは、第二次世界大戦中、英領マラヤ（マレー半島のこと、小説の表現に倣う）で働いていたんじゃが、戦争でこの地方を占領した日本軍の捕虜となった。しかし、子女を収容する所がなかったがために、ほかの女性や子どもたちとひたすら徒歩でマラヤ山中を彷徨[46]させられるという大変な苦労を経

45　原題；Nevil Shute, *A TOWN LIKE ALICE*（1950）、邦訳；小積光男訳『アリスのような町』（日本図書刊行会、2000年）、なお、この作品は1958年に英国で映画化、1980年に豪でテレビドラマ化されました。

46　この話はフィクションです。ただし、作者がスマトラ島で捕虜となって２年半にわたり彷徨させられたオランダ人女性から聞いて話がもとになっています。

験した。戦後、イギリスに帰国してタイピストとして働いて暮らしていたところ、幼い時に一度会っただけの叔父の遺言によって、祖父が遺した財産を受益者として相続したという話じゃ。

コウキ信くん　マラヤでひどい目にあった人が、イギリスに帰ってから金持ちになったという話なのに、どのような経緯で、オーストラリアのそんな田舎町が関係してくるのですか。

博　士　マラヤで彷徨させられ、苦労していたときに大変親切にしてくれた運転手さんがいたのじゃが、その男がオーストラリア人じゃった。帰英後、信託財産の受益者となり、生活のために働く必要のなくなったジーンは、そのまま安楽な暮らしを送ることをよしとせず、自分がやりたいことを探すために、まず戦時中お世話になったマラヤの村民たちに恩返しをするため、井戸をつくりに再びマレイに行ったのじゃ。そこで井戸を掘る工事を皆と一緒にしていたとき、戦争で死んだとばかり思っていたオーストラリアのあの運転手が存命であることを偶然耳にする。そこから後半が始まるんじゃが、彼女はそのままイギリスへ帰ろうとはせず、その足で命の恩人に会うため、オーストラリアへと向かったのじゃ。

コウキ信くん　主人公のジーンは、とても行動力のある、真っすぐな心をもった人物のようですね。

でも、受益者がイギリスから遠いところに行ってしまうことを、受託者はよく認めましたね。管理が大変だからって、嫌がったりしなかったのですか。

博士　この信託は、もともとまとまった財産を遺した祖父から相続した叔父が設定した信託なのじゃが、遺言で、姪が相続人となる場合は、姪が悪い人に騙されたりしない、一人で生きていけるようになるであろうと叔父が考える35歳になるまでは、信託として財産を守ってほしいと設定されたものだったのじゃ。

受託者を引き受けた弁護士ストラッチャンは、ジーンがマラヤで大変な苦労を乗り越えてきた非常にしっかりとした人で、自分のできることで何かを成したいという信念をもった女性であることを理解し、信託証書に記載されたことを表面的に当てはめるだけの管理ではなく、受託者に許される裁量の範囲で、ジーンの願いが叶うよう、見守り、応援し続けるというストーリーとなっている。

コウキ信くん　マラヤまで井戸を掘りに行ったり、お世話になったオーストラリア人に直接会いに行くだなんて、主人公のジーンは、本当にバイタリティのある人ですよね。

博士　そうじゃ。ジーンは大変心の美しい、行動力のある人じゃ。物語前半の、マラヤの彷徨で周りの人々を気にかけ、励ましながら困難を乗り切っていくところも感動的じゃが、後半の、オーストラリア人運転手だったジョー・ハーマンと再会し、結婚してからの話もよい。夫の牧場経営をサポートしながら、自分たちの住む町をアリス・スプリングスのような、賑やかで家族全員が一緒に暮らしていける町にしたいという夫・ジョーの夢を一緒に叶えようと、さまざまなアイデアを実行に移し、夢の実現のために信託財産を使うという話も感動的じゃ。

それを受託者のストラッチャンが、受益者のためになるとわかった場合には元本を使うこともできるという、受託者に与えられた裁量を使って、支援していくという話じゃ。

コウキ信くん　受託者が信託に込められた思いは何かを真剣に考えながら、支援したということですか。なるほど。推理小説の財産争いのもととして信託が利用されるのではなく、委託者の託した思いを実現させるための手段として使われる例として描かれているということですね。

博　士　そうなんじゃ。たとえば、ジーンと夫ジョーとの会話のなかでこのようなやりとりがある。

> 「君のやろうとしていること全部だと途轍もない金がかかるだろう。……」
> 「お金はあるわ」……（中略）……「幾ら相続したんだい？」
> 「五万三千ポンドだとストラッチャンさんは言ってるわ。だけど私が三十五才になるまでそれがみんな信託になっているの。それまで元金を使いたければ彼に頼むのよ」
> 「驚いたな」
> 「大変なお金でしょ、ね？　信託になってて良かったと思うわ。そうでなきゃどうしていいか分からなかったでしょうよ。」「これでなにか役に立つことがしたいの。……こういう類の工場を始めて、女の人の欲しいものが買える店を開くことが出来たら—まぁそれがそんなに儲からなくても、ウィルスタウ

ンと言う場所に、お金というものが使われるべく使われるんだと、考えたのよ」……（中略）……

「牧童たちはみんなガルフ地方から出ていって、男たちはアウトバックに来ないって、あなた言ったでしょ。そりゃ、男たちも奥さんにする娘を見つけられないからよ。そして娘たちは仕事がないというので出ていく。娘たちに仕事を作ってやれば、あなたもミッドハーストで働く男を雇えると思うの。ねえそうだと思わない？」（354－355頁）

「間もなく町はアリス・スプリングスと同じになるだろうよ」
「そう、それが私の望みなのよ、アリスのような町よ」
（456頁）

コウキ信くん　人が集まり、やがて町がつくられていくところの原形と本質が描かれていますね。資金面での支援という間接的ではありますが、こういうところで信託が役に立っていると考えると素敵ですね。

作者；ネビル・シュート

博　士　受託者の義務は、一般的に受益者の利益を図るため、誠実に信託を管理し、最善を尽くすことであるといわれているが、現実に引き受けた信託で、何が信託を託した人の真の願いであったか、そして受

益者のためにどのような行動をとれば委託者の願いも受益者の希望も叶うかを真剣に考え続けなければならないということを、小説を読むなかで学べるよい本ではないかのぉ。

1 POINT

「受託者の義務」ってなんだ？

この章は、受託者の義務が文学作品のなかで、どのように描かれているかに焦点をあてています。そもそも受託者は、なぜ義務を負わなければならないのでしょうか。

一言で申しますと、信頼を裏切らないためです。歴史的に考えますと、信託は、自分が亡くなった後、遺された幼い、または、か弱い立場の家族等のために多く設定されてきましたが、亡くなった後どうなるかは託した人にはわかりません。また財産を横取りされないとしても、実際にどのくらい利益があがったか、受益者からはみえないことも多いと思います。

そこで、不正をせず、託された内容を誠実に実行してもらうために義務の概念を発達させたと考えられます。受益者等被害に遭う側からすれば、「これこれの義務違反があったから損害が発生した。損害を回復させてほしい」と裁判所に訴えるときに説明しやすいということになりますし、受託者のほうからすれば、「こんなことをすれば義務違反で訴えられる、せっかく、信頼されたのだから、義務違反をしないようにしよう」と前向きなインセンティブを働かせることができます。また「信託には厳しい義務があるから、悪い事ができないようになっていると安心させることができる」という面もあるかもしれません。

そこで、受託者の義務として大切なのは、信託の管理運用はすべて受益者目線でやります、すなわち、受益者の利益を最優先に置いて行動します、ということを義務として引き受けること（これを忠実義務といいます）、託された事項について、この人ならやってくれるだろうという期待されたレベル程度のことはがんばってやります、ということ（こちらの義務を注意義務といいます）、この二つになります。受益者のために管理しなければならないから、自分の財産とは区別して管理しますという分別管理の義務ですとか、不正を働かず、ちゃんと管理していることをわかってもらうために定期的に財産の管理状況を報告しますという報告義務などは、この二つの義務を果たしながら信託を管理していくうえで、守らなければならない共通したルールであり、義務となったものと考えると理解しやすいのではないでしょうか。

なので、信託銀行のようなプロではない個人の受託者が、信託口座とは別に管理して全体の正確な会計報告を怠った（『使いこまれた財産』）としても、最終的には受益者のためになると判断して行ったことであれば、義務違反は問われないことになってきます。また、委託者が定めた信託条項を杓子定規にあてはめると認められないように思われることも、委託者がその信託を設定したのは、若い女性を周りに群がる悪者から守るためであり、受託者に与えられた裁量の範囲内と受託者が良心に照らして判断したのであれば、認めてよい（『アリスのような

×
見て見ぬ振りはダメ

○
寄り添う心が大切

町』）ということになってきます。文学作品なので、やや極端な話として出てきますが、逆に、「受託者の義務の本質って、こういうことだよね」と教えているようでもあります。

6

小説から信託の負の側面を学ぶ

　これまでの章では、信託が文学作品のなかでどのようなかたちで使われているか、主に信託を使うことによってプラスに作用する例をみてきました。しかし、信託を生かすも殺すも人間です。当然のことながら、信託を使った結果、マイナスに作用してしまったという例もあります。「信託を使ったらマイナスだった。失敗した」で終わらせてはもったいないでしょう。そこで本章では、信託をネガティブに描いた作品を取り上げ、どうすればプラスの結果に転ずることができるかを学んでみましょう。

《本章で紹介する作品》

国	作品名	作者
イギリス	荒涼館	チャールズ・ディケンズ
アメリカ	信託崩壊	S・キング&R・ロス

博士　コウキ信くん、信託博物館では、イギリスの文豪チャールズ・ディケンズの遺言と信託が登場する作品として『荒涼館』[47]を展示しているが、読んでくれたかな。感想を

47　原作；Charles Dickens, *Bleak House* (1852-53)、邦訳；佐々木徹訳『荒涼館』(一)～(四)（岩波書店、2017年）など、もとは月刊の連載小説で、1852年3月から53年9月までの1年半連載され、1853年に単行本が出版されました。

聞かせてもらえると嬉しいのじゃが。

コウキ信くん　読みましたよ、博士。文庫本で４冊もある超長い小説じゃないですか。大変でしたけど、次はどうなるんだろうとワクワクしながら、とてもおもしろく読むことができました。

ただ信託の観点からの感想としては、これまで博士は、信託やフィデューシャリーの法理は、「良心の裁判所」といわれるイギリスの大法官が主宰するエクイティ裁判所[48]によって発展してきたとおっしゃっていましたが、この本を読むと、エクイティ裁判所って、全然立派なところなんかじゃないじゃありませんか。それどころか、判決がなかなか出ないために、判決が出るまで待てずに亡くなってしまう人が出たり、訴訟費用がかかりすぎて、破産してしまう人まで出たと書かれていました。

博　士　あの長い小説をよく読んでくれたのぉ。しかも、おもしろかったといってくれたのも紹介した甲斐がある。確かに君が指摘するように、エクイティ裁判所は、信託法を確立し、フィデューシャリーの法理を発展させたが、19世紀にもなると、弊害も出てきたということなのじゃ。『荒涼館』の

48　中世のイングランドでは、国王が主宰し、王国全土に共通して適用される法（これをコモン・ローといいます）で裁判を行うコモン・ローの裁判所と、国王を補佐する大法官が主宰し、前例主義で硬直化したコモン・ローに対応するため、大法官が良心に照らして個別に救済を与えるエクイティの裁判所とがありました。この二つの裁判所は19世紀後半に統合されるまで続き、英国独特の法体系を形成したのです。

連載がはじまる前の1844年のことじゃが、作者ディケンズは著作『クリスマス・キャロル』の海賊版問題で、エクイティ訴訟にかかわり、痛い目にあっている。海賊版を出版した業者が破産したため、彼は勝訴したにもかかわらず、訴訟費用を負担させられるという不条理を経験させられたのじゃ。

コウキ信くん　その意趣返しでこの作品を書いたのですかね。ディケンズは、第８章でこの小説の通底音を成すジャーンダイス対ジャーンダイス訴訟のことを、こんな風に書いています。

「弁護士たちがさんざんひねりまわしたあげく、いまだ原形をとどめず、もとの訴訟の実態がとっくに消滅してしまっているのだ。この訴訟は遺言と遺言にしるされた信託財産にかかわっている－というか、かかわるものだった。それがいまでは訴訟費用だけが争点になっている。わたしたちは費用に関して出廷し、退廷し、宣誓し、質問し、提訴し、……大法官閣下ならびにその他大勢のまわりをぐるぐるまわり、衡平法にのっとってワルツをおどりながら『塵と化す死への道』にいたるというわけさ。」

「さるジャーンダイスが莫大な財産をきずいて、りっぱな遺言を作成した。ところが、その遺言のもとで信託財産がどのように運営されるかを決定する議論のために、当の遺言によってのこされた財産はどんどん消費されていった。……」

（第１巻、P.225－P.226、ジャーンダイス氏が主人公のエスターに説明しているシーン）

弱い立場の受益者を救済してくれるありがたい裁判所だと思っていたのに、まったくのイメージダウンですよ。

博士　小説なので、若干、誇張されたところはあるが、本質的なところは事実なのだそうじゃ。当時のエクイティ裁判所は継続中の訴訟を1万件から2万件も抱えており、そのすべての責任がたった一人の大法官の肩にかかっていた。そのうえ大法官は、裁判所の仕事のほかに、国政や行政問題、さらには貴族院の業務にもかかわっていたから、一つひとつの裁判に割ける時間がまったく足りなかったのじゃ。ディケンズ自身は遺言で残された妻のための信託を設定するよう書き残している[49]くらいじゃから、決して信託が嫌いだったわけではない。裁判となっても安心して使えることを願って風刺したのではないかな。

コウキ信くん　確かに、この小説を読むと、いろいろな人々が信託を利用していて、それが裁判の時に困ったことになっていると描かれていますね。問題の所在は、信託に関する訴訟費用が信託財産から支払われることになっている点にあるようですね。弁護士たちにとって、信託はいい金づるみたいになっていて、訴訟が長引くことをまったく厭わなかったでしょうからねぇ。

49　ディケンズの遺言には、妻のために8,000ポンドを信託にするとあり、二人の息子が受託者となって、その資金で彼らの母親の「めんどうをみてほしい」「妻（＝彼らの母親）が亡くなった後にまだ財産が残っていたら、二人で分けるように」と書かれている。

博 士　ホールズワースという法制史家によると、モデルとなった大法官はリンドハースト卿というお人だったそうじゃが[50]、前任のエルドン卿という大法官は、裁判基準に厳格な人で、何も見過ごしたところがないと得心するまで判断を下さないというお人だったそうじゃ。そのような関係で、困った人がたくさん出ている訴訟遅延の原因を調査する委員会が設置され、裁判所の改革が行われていくことになったそうじゃ[51]。この物語は、そういった改革が必要となるまでの状況が舞台設定として使われているのじゃから、ある意味、やむをえない話じゃが、エクイティ裁判所にとっては不幸なことじゃったのぉ。

コウキ信くん　なるほど。エルドン卿は、信託法の確立に貢献した大法官の一人だそうですね。法理、法体系の確立には寄与したのでしょうが、救済制度としての裁判手続きの迅速化には問題ありの人だったようですね。それを克服するために行われたのが、コモン・ローとエクイティの一元化で、そのきっかけとなった社会状況が、この小説の舞台背景にあったのですね。

博 士　歴史の沿革としては、コモン・ローの裁判所が紛争の種類や手続き、解決方法等の点において硬直化したため、エクイティ裁判所が個別に弾力的な解決を図って救済する

50　William S. Holdsworth, *Charles Dickens as a Legal Historian*, P.79

51　ジョン・H・ベイカー著／深尾裕造訳『イギリス法史入門』第4版第1部（関西学院大学出版会、2014年）PP.157－162

という補完的機能を果したのじゃ。しかし、そのエクイティ裁判所も、広く利用されるようになると、先例との整合性をとる必要や納得のいく判決を出すために手続きが厳格になっていったため、硬直化してしまった。そこで、逆にこれらを一元化して手続きを簡素化、人員・体制も整備して問題解決を図ったのじゃ。

コウキ信くん　一元化による裁判制度改革の前夜の話というわけですね。

ところで、博士、ジョン・ジャーンダイス氏が設定したこの信託は、多くの人を不幸にもしましたが、ジャーンダイス氏によって多くの人を幸福にもしましたよね。少なくとも、主人公のエスターは、身寄りがなくなってから、ジャーンダイス氏が面倒をみてくれたので学校に行けたり、一人の女性として生きていけるようになったりしたのですから。また、同じ受益者であるエイダとリチャードの身寄りがなくなった時、成人するまで後見人として、それ以降も物心両面でいろいろと面倒をみてきたのですから。

博　士　実質的には、受託者のような役割を果たしたということがいえるかもしれないのぉ。

委託者が信託を設定したのは家族が幸せに生きていけるようにしたいということだったとしたら、ジャーンダイス氏は、自分の取り分が減ることになるのに、受益者になると思われる一族の人々の面倒をみている。それだけでなく、主人公エスターの面倒をみたことにもあらわれているように、関係者の支援や慈善活動までやっておる。この物語は、誰にどのようなかたちで財産を遺すか、ちゃんと書いておかないとせっかく家族のために信託を設定しても無駄になるということを教えてくれているが、それ以外に、委託者の遺志を受けてどのような行動をとればよいかも教えてくれる。託された者がどう行動するかが非常に重要だということを教えてくれているのではないかのぉ。

コウキ信くん 財産を管理・運用していないので、受託者とはいえないかもしれませんが、託された思いを忠実に実行するという意味で、「託された者」＝受託者は、この小説のなかにほかにもあるのではないでしょうか。たとえば、ジャーンダイス訴訟にのめり込んで孤立していくリチャードを心配した主人公のエスターが、ウッドコート医師に「リチャードの話し相手になってやってほしい」と懇願するシーンがあります。そこでは次のように書かれています。

> 「リチャードに一番必要なのはともだちです。彼はずっとあなたをすいていました。ロンドンにいかれたら、彼にあっていただきたいのです。できるなら、ときどき彼の話し相手になって力ぞえしてやってください。……」
> 「きっと彼のいい友人になると約束します！　あなたは彼をわたしに託されたのです、そのお気もちにこたえるのはわたしにとって神へのつとめをはたすのとおなじです！」
>
> （第３巻、第45章「友を託す」P.387）

博　士　その人の専門性などを見込んで、財産以外のものを託される人を、受託者より広い概念であるフィデューシャリーと呼ぶことがあるが、ウッドコート医師もフィデューシャリーといえるかもしれんのぉ。エスターは、数々の試練、つらい経験をしたが、信頼できるフィデューシャリー二人に囲まれて、ある意味では幸せだったのかもしれないのぉ。

ところで、この小説はさきほどもいったように誰を受益者にするかを明確に定めておかないと、長期にわたる信託では受益者をめぐって将来争いが起きることがあるため、気をつけなければならないということを教えてくれているが、遺言においても同様なことが起こるので、あらかじめ生前に信託を設定しておくとよい場合もある。そのことを教えてくれる例として、小説ではないがアメリカの富豪ハワード・ヒューズの話がある。

コウキ信くん　それはどんな話ですか。教えてください。

博　士　ハワード・ヒューズという人は、油田を掘るドリルビットの特許と掘削会社の技術力で財産家となった両親が、彼が16歳と18歳のときに相次いで亡くなったために、巨万の富を相続したのじゃが、自らも映画製作と航空機会社の設立・運営で成功し、財産をさらに増やした実業家じゃ。

生前、結婚・離婚を繰り返し、何度も遺言を書き換えたため、相続権を主張する者が何人もあらわれ、どれが有効な遺言かわからなくなってしまったそうじゃ。他方、自らが興したヒューズ・エアクラフト社の株を、買収防衛対策も兼ねて、医学研究所の設立、運営のための公益信託に生前、拠出しておい

ハワード・ヒューズ

たのじゃ。それが後年、航空機産業の隆盛を受けて資産価値が増し、その後の財団運営も功を奏したので、ハワード・ヒューズ医学研究所は、いまではゲイツ財団に次ぐ全米第二位の規模となっている[52]。

ハワード・ヒューズは、生前、そこまで大きくするつもりはなかったかもしれないが、生前に信託していたことによって、それが順調に成長するとこんなよい結果となることがあることを教えてくれる例ではないかな。

コウキ信くん　たとえ、買収防衛という別の目的があったにせよ、医学のために使ってほしいという気持ちは間違いなくあったでしょうから、結果オーライということになりますね。

52　ハーバート・E・ナス著、石川達也訳；『セレブの遺言書』（PHP研究所、2015年）P.216

参考　『荒涼館』のあらすじ

「おまえはおかあさんの恥でした」―親の名も顔も知らずに育ったエスターと、あまたの人を破滅させる「ジャーンダイス訴訟」。ミステリーと社会小説を融合しつつ、貴族から孤児まで、19世紀英国社会全体を描きだしたディケンズの代表作。

両親を知らぬまま厳格な叔母に育てられ、叔母の死後しばらくジョン・ジャーンダイスの世話で田舎の学校にいたエスター・サマソンがロンドンに出てくる。彼女はそこでジョン・ジャーンダイスの被後見人でジャーンダイス訴訟の当事者でもあるリチャード・カーストン、エイダ・クレアと出会い、荒涼館でジャーンダイスと一緒に暮らす。

リチャードとエイダは互いに愛し合うようになるが、リチャードは次第に訴訟にのめり込んでいく。一方、エスターは出生の秘密に少しずつ近づいていくが、その過程で、ジャーンダイスを通じて知り合った関係者にさまざまな事件が起こる。

最後、訴訟は費用を支払ったために財産がなくなったとして終結するが、リチャードがエイダとの間に子を残して亡くなったため、エイダとその子はジャーンダイス氏の下で暮らすことになる。エスターとデッドロック夫人との間の秘密（エスターは夫人がデッドロック卿と結婚する前に恋人との間に生まれた娘だった）も解き明かされるが、追い詰められたデッドロック夫人は失踪し、亡くなる。失意のエスターは、ジャーンダイス氏のあたたかい配慮で生涯の伴侶（ウッドコート医師）を得て、この物語は終わる。

コウキ信くん　博士、先日、『信託崩壊』[53]という本を読みました。すごい話ですね。

本来、信頼の守護神とならなければならない受託者が、絶対的権力を握ると腐敗してしまうという話です。いったん腐敗がはじまると、その悪い歯車は止まらず、とんでもないことをやってしまう、ということが書かれていました。おかげで、なぜ受託者に開示義務や報告義務が課されているかがよく理解できました。

博　士　ほぉ。この本をそのように読んだとは、随分と信託のことを勉強してくれておるのぉ。

原作は、ハワイの裁判官と大学教授が書いた*BROKEN TRUST*というノンフィクションで、『信託崩壊』というのは、その翻訳本なのじゃ。ハワイ王朝の最後の王であるカメハメハ大王の遺産すべてを相続した王女パウアヒが、ハワイ先住民の子どもに教育を受ける機会を提供する場として、カメハメハ学園という学校を創設・運営するために遺言で設定した公益信託の話じゃ。

王女パウアヒの高潔な志を受けてハワイ先住民の子弟のためにと運営されてきたカメハメハ学園じゃが、創設後100年も経すると、信託財産が主に不動産であったため、とんでもない価

53　原作；Samuel P. King & Randall W. Roth, *Broken Trust: Greed, Mismanagement, And Political Manipulation at America's Largest Charitable Trust* (2006)、邦訳；新井誠監訳／紺野包子訳『信託崩壊―裏切られた信頼―』（日本評論社、2019年）

値に高まったのじゃ。特に何の努力をしなくても十分な財産状況になってしまった結果、不幸なことに、その管理を任された受託者たちが、富と権力の亡者となってしまい、信託を私物化してしまったところから、事件が本格化する。

こうした権限の濫用は、次第にこの信託の実質的な受益者といえるカメハメハ学園の学生、その家族、そして卒業生たちの目にとまるところとなり、黙ってみていられなくなった人々が立ち上がり、受託者の解任を要求するまでに至ったという話なのじゃ。

コウキ信くん 本全体を三つに分けると、前半の信託創設の話や初期の運営の話が慈愛に満ちて美しいのに対し、中盤では専横の限りを尽くす受託者の醜さが描かれています。後半では、受託者解任のために立ち上がった人々の苦闘の様子が、絶対的権力を握ることの怖さ、それを是正することのむずかしさなど、人間の弱い面をさまざまなかたちで教えてくれていますよね。

そもそもカメハメハ大王なんて遠い昔の伝説のような存在だと思っていましたが、そこにつながる学校がハワイにあるということだけでも、驚きでした。

博　士 王女は37万8,569エーカーもの土地を相続した。これを５人の受託者に信託して「ハワイ諸島に２つの学校を建設し、維持していくこと」「学校はカメハメハ学園と呼び、標準英語を用いてよい教育を施し、道徳教育と善良かつ勤勉な男女をつくるために有用な知識を提供すること」「収益の一部を孤児および経済的に恵まれない環境にある子どもたちへの支援と教育のために使用すること」「その際、ハワイ人を優先すること」などを託した。そして、この信託が適切に運営されていくことを願って、毎年、あらゆる収入と支出および学校の状況に関する完全な報告書、また財産目録と投資結果を最高裁長官に提出し、ホノルルにある新聞で公開するよう求めた。さらに王女が信頼して指名した受託者が交替するとき、後任の受託者は最高裁判事たちの多数決で選任するよう求めたのじゃ。こうしておけば信託の運用は安心だろうと考えたのじゃろう。

コウキ信くん　そうして何十年もの間、カメハメハ学園は立派な卒業生をたくさん送り出し、ハワイ人にとって、とても大切な存在になったのですね。出発点とその後しばらくは順調だったようですよね。

博　士　しかし、人間とは恐ろしいもので、ハワイ全土の1割以上を信託財産にもつファンドじゃが、その後、ハワイが観光地化して地価が暴騰したため、とんでもない資産価値をもつ全米有数のファンドになり、徐々に腐敗してしまったのじゃ。

どのように腐敗していったかというと、まず受託者の指名権をもつ者たちの腐敗から、始まったのじゃ。そして信託を監督する役割を担う検事総長と検認裁判所判事は、事なかれ主義に終始し、上席者（最高裁判事）が選んだ受託者から提出された報告書の表面をなぞるだけですまし、「畏怖の念を起させるほどの」仕事をしているといった報告を出し続けた。

王女パウアヒは最高裁判事なら、公正な判断をしてくれるだろうと期待していたかもしれないが、当の裁判官たちは、裁判官の職務として選ぶのではなく、個人の判断で（自分の識見に基づき）選ぶととらえ、自分たちに都合のよい人々、つまり友人や自分たちにメリットを与えてくれそうな人を優先して選ぶようになった。じゃが、まともなチェックが働かなかったから、受託者は、都合のよい解釈を繰り返し、腐敗への道を歩み出したのじゃ。

コウキ信くん　まさか最高裁の判事まで務めた人が、自分たちの地位を引き上げ、より安定したものにしてくれる政治家たちを受託者に指名するとは思わなかったでしょうからねぇ。そして最高裁判事から受託者に指名された元上院議長や元下院議長が、親族や知人が関係する企業やプロジェクトに恣意的なかたちで投資をするとは想定だにしていなかったと思いますよ。

その後の裁判で、自分たちに責任はないと弁護士等をフル動員して必死に争う姿などをみると元裁判官といえども人間なんだなぁ、人間って弱いものだなぁ、と思ってしまいましたよ。

でも、それは序の口で、そこから、受託者自身の腐敗が始まるのでしょう。「15章 信託違反の世界記録」を読むと呆れてしまいますよ。

博　士　そうじゃのぉ。15章の冒頭にこんな記述がある。

IRS（米国国税庁）が最終的に定義したように、彼らは王女パウアヒの信託遺産を、自分たちで好きなように使える「個人的投資クラブ」のように取り扱っており、信託の公益目的に対する関心はあきれるほどに欠落していた。彼らは一度たりとも全体的投資計画をもったことはなく、投資を決める際の適切な事前調査も、あるいは投資を決めた後にそれを注意深く見守ることもしないことが多かった。……（207頁）

そして、その杜撰な投資の例として1992年のゴールドマン・サックスへの出資話を紹介している。そこでは、こんな風に書かれている。

受託者たちが1992年にゴールドマン・サックスに投資した理由は単純である。タカブキがそれを望んだからである。1994年にはしかしながら、タカブキは引退しており、ヘンリー・ピータースが資産運用の主任受託者であった。……

長い、気まずい沈黙の後、ようやくピータースは口を開く。「実は俺にはよくわかっていないんだ。」ゴールドマン・サックスの人間たちはあっけに取られて言葉もない。あわててピータースは「助手から説明させるよ」と言う。受託者たちの方針はタカブキがいた1992年から変わっていないと助手が説明するのを、全員が注意深く聴いていた。15分のうちに契約は成立する。……（同書211頁）

コウキ信くん　投資対象が適切かどうかの判断すらできなかったということですね。でも、ゴールドマン・サックスへの投資は成功したからまだよいですが、失敗した投資もいっぱい書かれています。

たとえば、こんな話が書かれています。

①収用等で減ったとはいえ、当時ハワイ島に26万2,000エーカーもの土地を所有していたにもかかわらず、倒産した企業から３万500エーカーの土地を担当者の評価額（800万ドル）の倍以上の額（2,100万ドル）で、議事録も残さずに、運用担当の受託者が独断で購入した。

②受託者の個人的知り合いが持ち込んだインターネット新興企業への投資では、受託者の知人ということで、特に身体検査もせず投資を決定。投資先を紹介したその知人と受託者の義兄がコンサルタント料等を受け取ったが、後日、その知人がマネー・ロンダリングと詐欺にかかわっていたことが発覚し、投資した1,300万ドルが消えた。

③信託の事務とは無関係なところで、汚職の捜査を受けた（受託者に忠実な）スタッフの訴訟費用を信託から支払った。

④ビショップ遺産信託を痛めつけることのできる唯一の存在は政治家であるとして、彼らを手なずけるため、ロビー活動の専門家をスタッフとして雇い、政治資金調達パーティーに出席させたり、政治家をもてなしたりしただけでなく、パーティー券を大量に購入して、下請け業者や従業

員たちに売りつけていた。

⑤受託者は受託者報酬を年間100万ドルも受け取っているが、ある受託者は専門知識を買われて個人的に引き受けたとして14企業の取締役を兼任し（そのうちの1社の役員報酬は年間20万ドルであった）、それを他の受託者は認めていた。

などです。

博士　いかにデタラメで無能だったかがわかるのぉ。

ただ、せめてもの救いは、杜撰な投資とはいえ、全財産で博打を張ったわけではなく、大きな利益こそあがっていなかったが、一応は黒字だったということじゃ。この信託が大金持ちの巨人になったのは、王女パウアヒの土地の価値が上がったからで、その借地権からあがる賃料と土地の強制収容の際に拠出した土地の譲渡益のおかげで黒字を保てたと書かれている（同書212頁）。

コウキ信くん　受託者による数々のデタラメに、オハナと呼ばれるカメハメハ学園の支援者たち（卒業生・父母等）が我慢の限界に達して、立ち上がったのですよね。1997年5月15日に王女パウアヒが眠る王室霊廟からビショップ遺産信託本部のあるカワイアハオ・プラザまで、受託者たちに考えを改めるよう求める行進をしたのが転機とかかれています[54]。その後、こ

54　受託者たちは、生徒たちや親たちに参加しないよう圧力をかけたが、約300人が集まり、最終的には1,000人以上が参加した。

の本の元となった新聞記事が８月９日の社説ページに大見出しで掲載され、検察が乗り出すのですが、ハワイのさまざまな方面に勢力の根を張る受託者側の抵抗が激しく、受託者側弁護士との訴訟合戦となって、なかなか事態が好転しないのですよね。

２年もゴタゴタが続いた揚げ句、アメリカ国税庁（IRS；Internal Revenue Service）の調査が入って「受託者を更迭して体制を刷新しない限り、免税という特典・地位を取り消す」と通告され、やっと事態が収束に向かったと書かれていました[55]。

博士　そうなのじゃ。最終的にハワイ社会全体を巻き込むほどの一大スキャンダルになったのじゃ。もっと早い段階で軌道修正ができなかったかと考えると、君が指摘したように、報告義務が機能していれば、外部の牽制などが働いたのではないかと思われ、残念でならぬ。「日の光は最良の消毒」[56]とはよくいったものじゃ。

コウキ信くん　ちゃんと務めを果たしている、多くの受託者からすれば、特に必要性を感じない、面倒な負担のようにみえ

55　騒動のきっかけをつくったマリオン・マエ・ロケラニ・メイプルス・リンゼイ（元地区教育長で初の女性受託者）は1999年５月８日に解任され、他の受託者ジェラルド・ジャービス（ワイヘ・ハワイ州知事の側近）、オズ・ステンダー（カメハメハ学園出身者で前任は他の信託基金受託者）、リチャード・スン・ホン・"ディッキー"・ウォン（元州上院議長）、ヘンリー・ハアリリオ・ピータース（元州下院議長）も同年８月から12月にかけて辞任した。

56　アメリカ連邦最高裁判事ルイス・ブランダイス（1856－1841）が*Other People's Money: How the Bankers Use it*（1914），P.92で述べた言葉

るかもしれませんが、報告書の提出を義務づけられていることで、自制が働くのですね。耳は痛いかもしれませんが、身の潔白は自分で晴らし、律していかなければならないということですかね。

博士 信託という仕組みは、うまく回っているときは、とても効率的でよい仕組みかもしれないが、財産を預かって管理することが仕事であり、受益者からはよくみえない細かいこともいろいろあるじゃろうから、託された職務をいかに忠実に果たすか、そのために多少、面倒でも自らを律する仕組みをもっていないといけないということが、ここまで信託が発展してくるなかで編み出された先人たちの知恵なのじゃろう。託された者に求められるフィデューシャリー・デューティーはとても大切であるというのが、この本からの教訓なのかのぉ。

ビショップ遺産信託を創設した
王女パウアヒ

1 POINT 「フィデューシャリー」ってなんだ？

本書では、これまでフィデューシャリーとか、フィデューシャリー・デューティーという言葉が何度か出てきました。フィデューシャリーと信託とは、どのような関係があって、どう違うのでしょうか。

フィデューシャリーは、英語でFiduciaryと書きます。ラテン語のfiducie（頼るという意味）が語源といわれています。トラスト＝trustという言葉をキーワードに、安心して託せる仕組みとして発達してきた信託ですが、誰かから、何かを託され、その人のために託されたことを実行する仕組みや人間関係は信託以外にもあります。患者から命を助けることを託される医師や、裁判で絶体絶命のピンチに立つ依頼人のために法律知識を駆使して弁護を託される弁護士などは、信託の受託者と同じように、自分のことより託した人のことを第一に考えて誠実に行動することが求められていて、フィデューシャリーであるといわれています。18世紀初めの頃、イギリスの大法官は、未成年者の後見人や破産管財人といった財産を預かり、管理する人をフィデューシャリーとしました。その際、信託の受託者ではないが、他人から財産管理を託される者はラテン語でフィデューシャリーといって、実質的に受託者と同じである、したがって、受託者と同じ義務が求められるとしたのです。その後、財産に限らず、一定の権限を与えられ他人のために行使する人にも適用が徐々に拡大し、義務の考え方もより体系的で精緻なものになっていきました[57]。現代においても、適用領域はまだ拡

57 Tamar Frankel, *Fiduciary Law,*（OUP, 2010）、溜箭将之監訳『フィデューシャリー「託される人」の法理論』（弘文堂、2014年）、Jushua Getzler, Rumford Market and Genesis of Fiduciary Obligations, *Mapping the Law: Essays in Memory of Peter Birks*（OUP, 2006）

大し続けており、親密な家族の間であっても一定の義務を負うとされたり、日本国憲法にみられるように国民等から権限行使を託された国等の行政機関、公務員、非営利組織などにもフィデューシャリーとしての行動を求めるべきであるという考え方が広がっています[58]。

これは、私たちが暮らす現代社会は、決して一人では生きていけず、何らかのかたちで専門家等他者を信頼し、その人たちと共存したほうがより豊かな暮らしができる、と知っているからだと思われます。聞きなれない言葉かもしれませんが、信頼に応える仕組み、そのための関係（信認関係といいます）であると考えますと、意外と常識的なことをいっているにすぎないということがわかります。

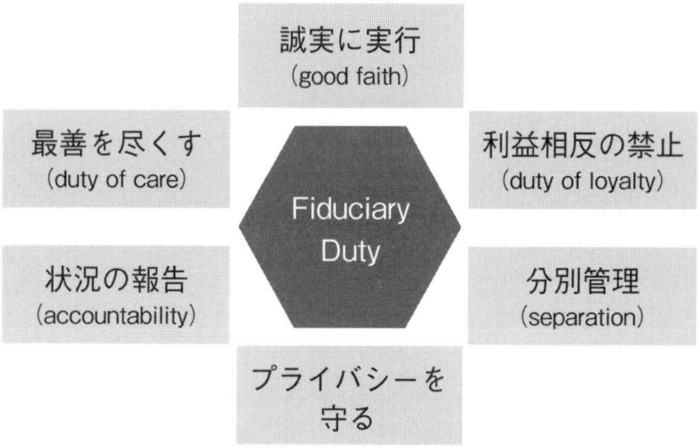

58 Evan J. Criddle et al. ed. *Oxford Handbook of Fiduciary Law*, (OUP, 2019)

7

信認関係を扱った文学作品から信託を学ぶ

これまでの繰り返しになりますが、信託は、「大切な財産を、自分を含む誰かのために、信頼できる人に託す」仕組みでした。託された人は、信頼を守ることが求められ、それを実現させるためにさまざまな権利や義務の概念・法理が発達し、今日、安心して託すことができるような法制度となりました。イギリスで信託として生まれ、アメリカで発展してきたこの信託という仕組みは、今日、世界各地に広がりをみせつつあります[59]。

しかし、翻ってみますと、中世イングランドでユースとして信託の仕組みが発生する以前から、「誰かを信じて託す」仕組みは、古今東西いろいろなところにみられました。このような「信頼を前提として、何らかの裁量を行使する権限を託し、託される関係」を「信認関係」[60]といいます。古代エジプトのウアーの遺言[61]や古代ローマの信託遺贈（フィダイコミッシム）[62]などはその例ですが、日本の弘法大師が創設した綜芸種智院[63]なども仕組みは信託とほぼ同じといわれて

59　21世紀に入ってから、東アジア、東欧、中南米における商事目的の信託の伸長が著しく、百数十カ国以上の国々に信託に関する法令が制定されています。

60　信認関係は英米法のFiduciary Relationshipの邦訳です。信頼関係に基づき、財産や権限等を託した者と託され者との関係をいいます。

61　アメリカ銀行協会作成の信託業務について記したガイドブック（原著：Edwin Mclinnis, *Trust Functions and Services*（1971）、邦訳：三井信託銀行信託部訳『アメリカの信託業務』（東洋経済新報社、1975年）P.3－4）、紀元前1805年の石板に刻まれた「ウアーの遺言」が信託の起源につながるものとして紹介されていますが、信託博物館では、それより少し古い紀元前1818年頃パピルスに記された「メリーの遺言」（F.L.Griffith, *Hieratic Papyri from Kahun and Gurob*（1898）P.29）を紹介しています。

おり、信認関係といえます。本章は、視野を少し広げ、信託そのものではないけれども、信託と同じような「信じて託す」仕組み、すなわち、信認関係を描いた文学作品がないかをみてみたいと思います。紹介するのはフランスと日本の文学作品になります。

《本章で紹介する作品》

国	作品名	作者
フランス	ゴプセック	バルザック
日本	こころ	夏目漱石
	無私の日本人	磯田道史
	あかね空	山本一力

博　士　今日は、信託ではないが、信託と同じように、誰かから財産を預かり、それを本来、その人が渡したいと考えている人に渡すあるいは、誰かのためにあることをしてほしいと託すといった、信託類似の仕組みが描かれた文学作品を紹介しよう。まずは19世紀フランスの作家バルザックが書いた『ゴプセック』[64]という作品じゃ。託された者が信頼できるということがいかに重要かを教えてくる本なのじゃ。

62　日本では信託遺贈と呼ばれています。たとえば、米倉明『信託法・成年後見の研究』（新青出版、1998年）P.302。古代ローマには信託遺贈以外にもusus fructus（使用・果実収受権）、depositum（預り金）、fiducia cum amico（友人との信頼関係）などといった仕組みがあったといいます（中里実『信託課税研究の道標』（有斐閣、2019年）P.14－15）。

63　前掲注；P.26

64　バルザック作『ゴプセック・毬打つ猫の店』（岩波文庫、2009年）原作は1830年。

コウキ信くん　博士、確かフランス文学では、モリエールの『病は気から』[65]に信託類似の仕組みが登場するのではなかったですか。後妻さんに財産を遺したい主人公が、公証人から「奥さまには相続権がない」といわれ、その代替策として、親しい友人にいったん財産を譲り、自分が亡くなった後、後妻さんに財産を返してもらうという仕組みを提案される、という話でしたよね。

博　士　そのとおりじゃ。バルザックの『ゴプセック』でも、法律上の相続権のない人に財産を渡す方法として同じような仕組み、“フィデュシ”が描かれておる。しかし、今度は妻ではなく未成年の息子が対象じゃ。病で余命が残り少ないことを自覚したレストー伯爵という人が、浪費家で不倫を繰り返す妻が相続したのでは家がつぶれてしまうと心配し、何とか幼い息子に財産を遺す手立てはないものかと考えていたところ、高利貸しのゴプセックから、介立贈与（フィデュシ）というスキームを提案されたという話じゃ。

邦訳版で、ゴプセックは次のようにいっている。

> 「……おそらくあなたのお考えでは、財産を守って、お子さ

65　モリエールの最後の戯曲（1673年発表）。日本語訳は1970年に鈴木力衛訳が岩波文庫から出版されています。

んのうちの一人ないし二人にとっておきたいんでしょうな。……（中略）……めぐり会えるものなら、友をひとりお持ちなさい。そしてその友に、表面上はあなたの財産を売り渡したことにするんです。介立贈与（贈与者が財産を受託者に信託し、一定期間後これを受益者に贈らせる贈与形式）とかいうんじゃなかったかね。」とゴプセックは私のほうを向きながらたずねました。　（86－87頁）

コウキ信くん　『病は気から』と同じ仕組みですね。違いがあるといえば、モリエールの時代の17世紀には、奥さんに相続権がなかったのに、バルザックの時代の19世紀には、奥さ

この作品における信認関係のイメージ図

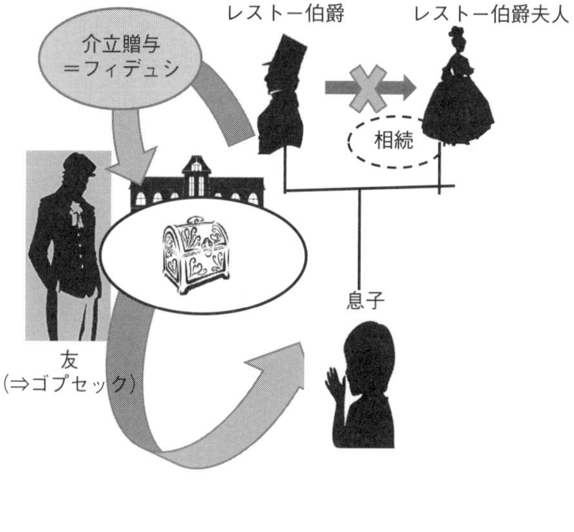

んに相続権があった。でも、妻ではなく息子に直接財産を渡したかったということでしょうか。

博士 そのとおりじゃ。英米の信託との違いは、フィデュシは契約なので、託された友が死んだり、破産すると、その友の個人財産と同じ扱いになったり、利益を享受させたい息子は、契約で定められたことしか権利として主張することが認められていなかった。すなわち、約束どおり財産を渡してくれと請求することはできなかったという点じゃ。

しかし、この小説には信託（法）の観点からみると二つ意義がある。一つは、ナポレオン法典[66]によって、信託のような二重の所有権は否定されたといわれているこの時代のフランスにおいて、二重の所有権を認めることにつながる可能性のある信託類似の仕組みが人々の間で利用されていたということ。もう一つは、この仕組みを実現させるためには、託す相手が信頼できるということが重要であるということ。この二つをストーリー展開の柱に据えている点じゃ。レストー伯爵と代訴人との会話のなかで、このように語られている。

---

66 1804年にフランスで制定された民法典のこと。ナポレオン・ボナパルトが制定に深くかかわったことからナポレオン法典とも呼ばれています。ローマ法とフランス全土の慣習法、封建法を統一した初の本格的な民法典で、近代私法の三大原則たる「法の前の平等」「私的所有権の絶対」「私的自治（契約の自由）」や「信教の自由」「経済活動の自由」等の近代的な価値観が取り入れられており、近代市民社会の法のモデルとなりました。

「あの男が誠実かどうか、お考えをお聞かせください」……（中略）……

「ゴプセックじいさんは、自らの行動を律するある原則を、心底から信奉しています。……外見上は高利貸として振舞うことができるのですが、……私が心から確信しているのは、仕事を離れたこの男はパリで最も細心で最も誠実な人間だということです。……かりに私が子供をのこして死ぬような場合、彼を後見人にしますね。」（89頁）

……（中略）……

「これで私の考えはゆるぎなく固まりました」「私の財産の所有権をゴプセックに譲渡するのに必要な証書を、用意してくださいますか。……ゴプセックにいずれ申し立てて欲しいのは、この売却は見せかけのものであり、彼なりのやり方で管理する私の財産を、私の長男が成人したあかつきには、その手にもどすという契約をむすぶということです。……」（90－91頁）

コウキ信くん　信頼できる友がいなかったので、ゴプセックに託すことにしようとしたのですね。奥さんより高利貸のほうを信用するに至ったというところが、少し悲しいですね。

博　士　大金を前にすると人間の本性が露わになるということが描かれている。

夫が亡くなると伯爵夫人は、その亡骸をよそに、契約書を処分するため、必死になって部屋中を探し回るのじゃ。そこへ、伯爵が亡くなったとの知らせを受けて駆けつけたゴプセックと代訴人が、契約書がちょうど暖炉に投げ込まれたという危うい ところで、炎のなかから拾い上げたと書かれている。おかげで、伯爵家の財産を、愛人に貢ごうとする伯爵夫人から守ることができた。冷酷な高利貸が信義を守ったおかげで、後に成長して伯爵となる息子の財産が守られたという話になっておる。

コウキ信くん　凄い話ですね。でも博士、これって年代的にはフランス革命後の話でしょう。その頃には、貴族といってもそれほど財産をもっていなかったのではないですか。

博　士　1830年の小説なので、王政復古[67]で一時的に貴族に財産が戻るチャンスのあった時代が舞台となっておる。何とか財産を取り戻したレストー伯爵家は、資本家でもあるゴプセックがその後財産を管理してくれたおかげで、無事に息子に引き継ぐことができたという舞台設定となる。その際に使われたのが、古代ローマのフィドゥキア[68]や信託遺贈[69]に淵源をもつフィデュシ、なかでも、対価を払うことなく財産を渡すこと（贈与）を目的とする恵与目的フィデュシだった、とい

67　1814年のナポレオン没落後、1830年の七月王政成立までの時代を指します。フランス革命で国王ルイ16世が廃位・処刑された後は共和政となりましたが、ナポレオンが皇帝の座に就きますと一時帝政へと移行します。対仏大同盟がナポレオンを破ったことで帝政が終わり、ルイ16世の後継者による王政が復活したという目まぐるしい経緯です。

68　現代日本の譲渡担保に近い制度で、債務等の約束を果たすまでの間、担保として財産を約束した相手に移転する仕組みです。

69　Fideicommissiumの訳語。自分の死後に特定の者に財産を譲渡することを約して財産を譲渡する仕組みです。古代ローマでは女性や外国人には相続権が認められていなかったため、信頼（Fidei）をコミットするものとして利用されました。

う話じゃ。

コウキ信くん　恵与目的？　フィデュシって何ですか？

フィデューシャリーのご先祖さまか何かですか。

博　士　古代ローマで利用されていたフィドゥキア（Fiducia）や信託遺贈は信託の淵源といわれているが、それがフランスではフィデュシ（Fiducie）として、人々のなかで使われ続けてきたそうなのじゃ。それがナポレオン法典では、封建的な土地所有を廃止し、私的所有権の絶対性を打ち出したものじゃから、受託者のほかに受益者にも物権的権利を認めることにつながるフィデュシは認められなかったのじゃ。

コウキ信くん　でも、バルザックの小説では、フィデュシが描かれているのでしょう。

博　士　そのとおりじゃ。ナポレオン法典には定めがなかったが、昔からの慣習としてフランス国内で使われ続けていた仕組みのいくつかは無名契約として、その後も利用され、裁判でも認められていたのじゃ。フィデュシには、担保目的フィデュシ（①）と管理目的のフィデュシとがあり、そのうち管理目的のフィデュシは、さらに対価など何らかの約因を必要とする狭義の管理目的フィデュシ（②）と、受益者に無償で財産を移転する恵与目的のフィデュシ（③）とに分類、整理できるそうじゃ[70]。

2007年に行われた民法典の改正では、このうち、前二者

70　中原太郎「フランス民法典における「信託」について」（水野紀子編『信託の理論と現代的展開』（商事法務、2014年））P.253以下

（①と②）が条文化されたが、恵与目的フィデュシ（③）は、課税潜脱・マネーローンダリング等に利用されるおそれがあるとして条文化されなかった。「死後効を生じさせる委任」または「段階的恵与」という、より限定された制度として導入されたということじゃ。

バルザック

バルザックがこの本で取り上げたのは、恵与目的フィデュシじゃった。遺産相続に関してフランス革命は、これまでの長子相続を廃止して平等原理を導入したが、バルザックは、平等分割を認めて相続を繰り返すと、土地がどんどん細分割されていき、家族の緊密な関係が破壊されてしまうとして、必ずしもナポレオン法典の考え方に賛成していなかった[71]。そこで、この無名契約を使って、明文のない慣習法であっても、「誰を信じるか」は描くことができることを示そうとしたのかもしれない。

コウキ信くん　バルザックというと、『人間喜劇』で有名ですが、むずかしい時代背景のもと、人間の本質を描こうとした作家なのですね。

博　士　遺された家族のために財産を引き継いでいく

71　泉俊明「『人間喜劇』と遺産相続」（千葉大学・言語文化論叢９号、2015年３月）pp.18－19

ということは本当にむずかしい。
日本でも同様で、さまざまなかたちで信頼できる人に託すことが行われている。そんな信頼関係を小説に取り込んだ作品もたくさんある。たとえば、夏目漱石の『こころ』では、いちばん信頼していた人から裏切られるということから、人間不信になるということが描かれている。小説に登場する先生が人間不信になったきっかけは、まだ未成年だった自分（＝先生）を残し、病のため余命いくばくもない状況下で両親が後見人となるよう頼んだのは叔父じゃった。その信頼していた叔父に裏切られたことを知ったことがきっかけとなっているのじゃ。
作品のなかではこう書かれている。

> 母はただ叔父に万事を頼んでいました。其所に居合わせた私を指さすようにして、『この子をどうぞ何分』と云いました。
> （中略）
> 一口でいうと、叔父は私の財産を誤魔化したのです。（中略）凡てを叔父任せにして平気でいた私は、世間的に云えば本当の馬鹿でした。 P.191

コウキ信くん 確か、英米法では、後見人はフィデューシャリーとされていて、後見のために預かった財産に対して信託の受託者と同様の義務を負うとされているのでしたよね。
ということは、『こころ』では、信託ではないものの、フィデューシャリーが登場してくるということになりますね。驚きです。

博　士　いや。漱石は、イギリス留学時代、英語教育法の勉強の傍ら、ディケンズ等を読みふけったということじゃから、信託のこともまったく知らないというわけではなかったかもしれないが、この小説のなかでそこまでは考えていなかったじゃろう。ただ、両親が信頼を置く身内の者であっても、カネが絡むと裏切られることがあるという、人間の業ともいえる負の側面は冷徹に考えていたかもしれぬ。

コウキ信くん　なるほど。信じて託していたはずなのに、その信頼が裏切られたときのショックは大きいというわけですね。そこに深い人間ドラマを描くことができ、私たちに感動を与えてくれる文学作品が生まれるということになります。

博　士　裏切られたという作品ばかりではないぞ。

信託という概念がまた日本に伝わる以前のことであるため、信託とは書かれていないのはむしろ当然なんじゃが、人々から託されたお金を特定の目的のためだけに使う、託された人は、濫用しないために、自分の財産とは区別して別ものとして管理するという仕組みは、日本でも古来、さまざまなところで利用されてきた。そして、それを扱った文学作品もあるのじゃよ。

コウキ信くん　弘法大師・空海が創設した綜芸種智院[72]や織

72　空海が藤原氏からの寄付をもとに828年に創設した総合大学ともいうべき教育施設です。財産を託された空海を受託者とみますと、この目的のために財産を提供した貴族・藤原氏が委託者、教育を受けた一般庶民の学生が受益者と考えることができます。空海は、託された財産を綜芸種智院の運営のためだけに使ったといわれています。

田信長の米の信託類似スキーム[73]などがそうですよね。東大名誉教授の米倉先生[74]が論文でいろいろと紹介してくださっていることは、信託博物館の展示で知っていますが、文学作品もあるのですか。

博士　数年前、「殿、利息でござる」というタイトルで映画化された話じゃが、原作は歴史学者の磯田道史先生が書かれた『無私の日本人』[75]という作品に収録されている穀田屋十三郎の話じゃ。『無私の日本人』は、江戸時代に生きた３人の高潔・清冽な日本人を描いた作品なのじゃが、そのなかで、仙台藩吉岡宿の商人たちの実話を地元の篤志家が『国恩記』として記録にとどめておいたものを小説として紹介されたのがこれじゃ。

コウキ信くん　映画のほうは、みたことがあります。

確かに、感動的なよいお話だったとは思いますが、信託に関係のありそうなところが、どこかあったでしょうか。全然気がつきませんでした。

博士　簡単に説明すると、江戸時代、仙台藩の吉岡宿は、出羽街道と松島道との分岐点で、交通の要所として仙台

73　戦国の武将・織田信長は1571年、京都の洛中洛外から集めた米を京の町衆に運用させ、その収益を宮中に献上しました。税で集めた財産を運用するよう託した信長を委託者とみれば、運用にあたった町衆は受託者、利益を献上された宮中は受益者に相当することになります。

74　米倉明『信託法・成年後見法の研究』（新青出版、1998年）P.26

75　磯田道史『無私の日本人』（文藝春秋、2012年）、『殿、利息でござる』の映画化は2016年

この作品における信認関係の構図

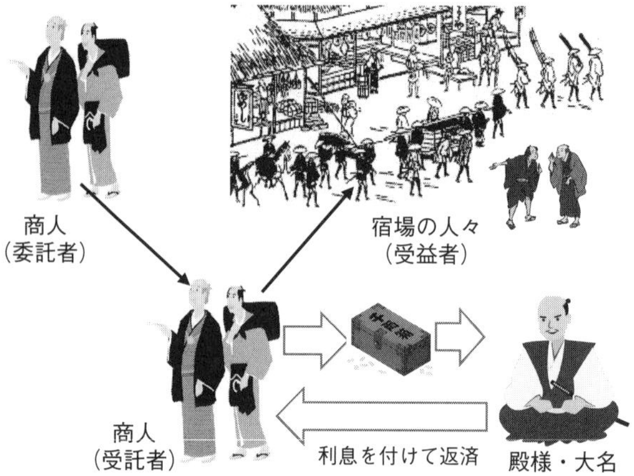

以北では中心的な宿場町じゃったが、仙台藩直轄でなかったため、藩からの助成金が給付されず、住民たちは重い課役に苦しみ、少しずつ吉岡宿から離れていくという状況にあったそうじゃ。こうした住民の貧困をなんとか救おうと、穀田屋十三郎という商人は仲間の商人や郡の大肝煎に相談するなどして、同志と合わせ９名で1000両という大金（現在の金額でおよそ１億円～３億円）を８年かけて捻出したのじゃ。そして、その金を仙台藩、つまり、お殿様に貸し付けて年末に受け取る利子で宿場の貧しい人々の生活費を拠出するという仕組みを考えたのじゃ。

仙台藩も、はじめは藩に金を貸そうとは何事かと難色を示したが、穀田屋らの宿場を思う気持ちを理解して許可したのじゃ

(1773年頃)。その結果、毎年暮れになると利息の100両を手にすることができるようになり、おかげで吉岡宿は幕末まで人口を減らすことがなかったそうじゃ。

皆で資金を出し合った商人たちを委託者と考えれば、皆を代表してそのお金を預かり、殿様に貸し付けた穀田屋十三郎らは受託者、その利益で飢饉などにあっても生き抜くことができた宿場町の人々は受益者と考えることができる。資金を宿場の人々だけのために独立した財産として管理し続けたといわれているから、信託とほぼ同じ仕組みだったということになる。

コウキ信くん　そうすると、この仕組みは、空海の綜芸種智院などと同じ、他益信託[76]または公益信託[77]に類似する仕組みだったということになりますね。

博　士　そうなるかのぉ。そう考えると、ほかにもいろいろおもしろい作品がある。

たとえば、江戸時代の人情話をたくさん小説に書いている作家・山本一力氏は、『あかね空』[78]で、江戸の人々に美味しい豆腐を提供し続けたいという、ある豆腐屋さんの思いを叶える話を通じて、家族の絆を描く人情話を小説にしている。

76　委託者以外の者が受益者となる信託です。これに対し、委託者本人が利益を享受する信託を自益信託といいます。

77　学術、技芸、慈善等公益的な活動を支援するための信託です。支援先への助成金の支給は、我が国の場合、運営委員会の助言に基づき決定されます。支給先は毎回変わり得る仕組みとなっているため、受益者が不特定多数の信託ということになります。

78　山本一力『あかね空』(文藝春秋、2004年)、映画化は2007年

コウキ信くん　『あかね空』って、これも映画化されていましたよね。

確か、年老いて店を続けられなくなった豆腐屋の女将さんが、京都からきた若い豆腐職人を応援する話ですよね。

博　士　そうじゃ。25年前に子どもを誘拐されてしまった豆腐屋（相州屋）の女将おしのが、腕のよい豆腐職人だった旦那が歳をとって、商いを続けられなくなったとき、仲のよい料亭の女将さんに店の権利証を託して、京都からたった一人できて豆腐屋（京や）を始めた若者が江戸の町で商売ができるよう、陰ながら応援するという話じゃ。

託した豆腐屋の女将おしのは、美味しい豆腐をずっと江戸の人々に食べ続けてもらいたいという思いを、見ず知らずの若い職人に託したといえる。託された若者の生涯も決して平淡な道のりではなかったが、家族の絆、人との交流を通じて江戸庶民の人情あふれる暮らしを描いた時代小説なのじゃ。

コウキ信くん　なるほど。相州屋の女将を委託者と見做すと、その友人で料亭の女将は受託者、美味しい豆腐をつくり続けた京やの若夫婦は受益者ということになりますね。

おわりに

博士　どうじゃったかな。アメリカやイギリスの作品が中心ではあったが、意外に信託が登場してくる文学作品は多いということがわかってくれたかな。

コウキ信くん　人間関係がドラマチックに展開していく際のきっかけとして信託が使われることがあるということ、信託をよいことに使って感動を呼んだり、悪用して悲劇や事件が起こったりするということがわかりました。また信託が設定されている背景として、委託者の思いだとか、受託者との信頼関係があるために、作品をより豊かな内容にするという点もあるということを知りました。

博士　信託は、人々が生み出した一つの仕組みじゃ。したがって、信託を活かすも殺すも、人間によって決まる。さまざまな不正や濫用を経験しながらも、今日まで廃らず、残ってきて、現在も、さらに適用領域を拡大し続けているというからには、よい点がたくさんあるのじゃろう。

悪い点は反面教師として、よい点は参考とすればいいと考えれば、文学作品から学ぶ点もそれなりにあるのではないかのぉ。

コウキ信くん　そうですね、博士。信託法の本だけを読んでも、よい知恵は浮かんでこないかもしれません。やはり、どのようなことに使ったら、人々の願いをかなえることができるかというニーズを知ることはとても大事だと思いました。

信託はその時代の社会や人々の思いを叶えることで発展してきたわけですから、文学に限らず、広い視野から、信託で実現できることは何かをとらえて、活かしていこうという精神が大切だと思います。

著者略歴

友松 義信（ともまつ よしのぶ）
1958年４月４日生まれ。
1983年三菱信託銀行（現三菱UFJ信託銀行）入社。
不動産管理部長、監査役室長を経て、2015年より三菱UFJ信託銀行信託博物館事務局長。
2012年から2015年まで専修大学大学院経済学部研究科客員教授。

（主な論文・著書）
- 「信託受託者の開示義務と守秘義務の関係」（民商法雑誌118巻６号、119巻１号）
- 「信託銀行のチャイニーズ・ウォール」（NBL820号）
- 「信託銀行の利益相反法理に関する考察」（金融法務事情1964～1966号）
- 『不動産証券化の危機対応』（共同執筆）（金融財政事情研究会・2010年）
- 『フィデューシャリー―「託される人」の法理論』（翻訳に参画）（弘文堂・2014年）
- 『信託入門』（金融財政事情研究会・2014年）
- 「商事分野における個人の信託」（ジュリストNo.1520）
- 『信託の世界史』（金融財政事情研究会・2018年）
- 『フィデューシャリー・デューティーと利益相反』（岩波書店・2019年）の第１章

本書は、三菱UFJ信託銀行 信託博物館の付属資料室に所蔵する書籍のなかから、さまざまな信託に関する本を通して、信託に関する歴史、エピソードを簡単に紹介するものです。

文中、意見・見解に及ぶ部分は、筆者の所属する企業のものではなく、筆者個人のものであることをお断りいたします。

三菱UFJ信託銀行　信託博物館事務局長　友松義信

文学から読み解く信託
――フィディューシャリーの起源の探索

2021年1月18日　第1刷発行

著　者　友　松　義　信
発行者　加　藤　一　浩

〒160-8520　東京都新宿区南元町19
発　行　所　一般社団法人 金融財政事情研究会
企画・制作・販売　株式会社 き　ん　ざ　い
出　版　部　TEL 03(3355)2251　FAX 03(3357)7416
販売受付　TEL 03(3358)2891　FAX 03(3358)0037
URL https://www.kinzai.jp/

DTP・校正：株式会社アイシーエム／印刷：三松堂株式会社

ISBN978-4-322-13589-3